DRAGON

À Nino et Louison,
À Marie,

Ma merveilleuse famille

18, rue Barbès, 92128 Montrouge Cedex
ISBN : 979-10-363-3263-0
Dépôt légal : avril 2022

Loi n° 49-956 du 16 juillet 1949 sur les publications destinées à la jeunesse.

DRAGON PARK

L'attaque des Nemrogs

Thomas Verdois
Illustré par Benjamin Carré

bayard jeunesse

Dieu dans sa pitié a fait l'homme beau et attirant,
d'après sa propre image.
Mais ma forme n'est qu'une caricature de la tienne et
rendue plus répugnante encore
parce qu'elle lui ressemble.
Satan, lui, avait des comparses,
des diables pour l'admirer et l'encourager.
Mais moi, je suis seul et haï.
Voilà à quoi je songeais
dans ma solitude et mon désespoir.

Mary Shelley
(*Frankenstein ou le Prométhée moderne*)

Je suis allé plus loin que vous ne pensez,
et j'ai fait une promesse au démon
avec mon propre sang.

Dr Faust

DRAGON PARK

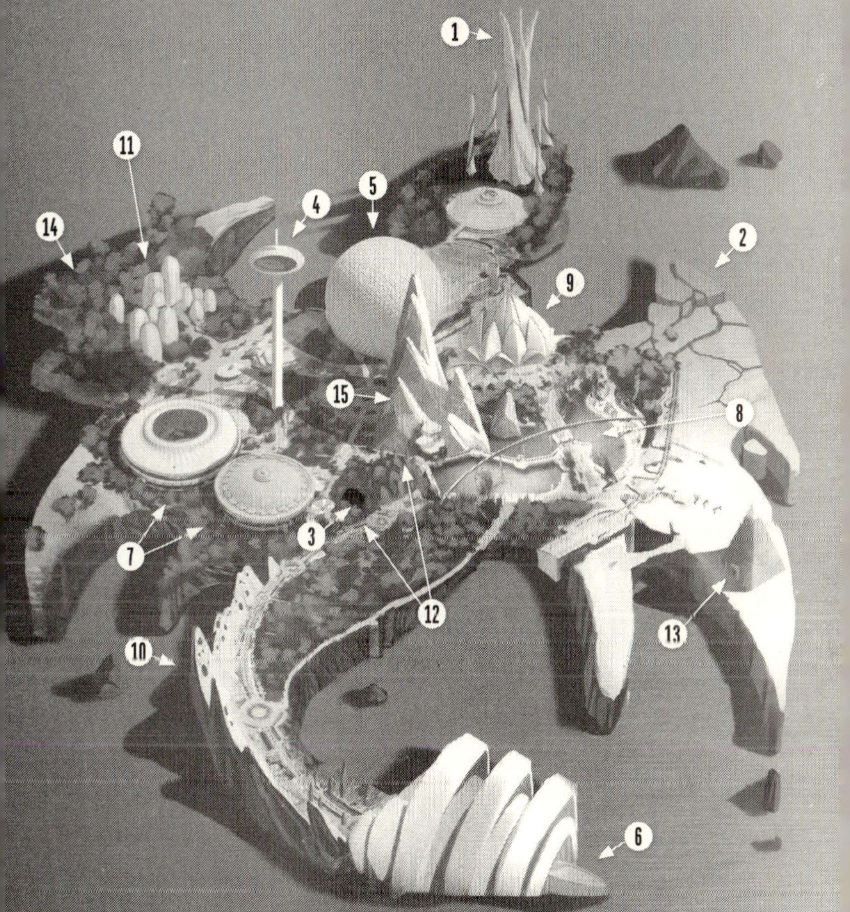

1 Académie Saint-Hydre	6 Entrée du parc	11 Omnipolis
2 Canyon des Vouivrards	7 Laboratoire	12 Ouroboros
3 Caverne des Noctris	8 Lac Céleste	13 Pyramide des Gryphlions
4 CERVo	9 Lotus	14 Sylve d'Émeraude
5 Dragon Dôme	10 Nid	15 Volcan de Cristal

CHAPITRE 1

Plus tard, quand Louison Belrêve repenserait à cette journée, elle oublierait qu'elle avait débuté par la grande fête de Dragon Park.

Les catastrophes font toujours cet effet-là. Ce qui les a précédées paraît, après coup, insignifiant.

Pourtant, quelques minutes avant son épreuve, rien n'était plus important pour Louison que de réussir son plongeon depuis la plateforme. À cent vingt mètres au-dessus du sol.

Cent vingt-trois mètres exactement si on ajoutait la hauteur de son dragon au garrot.

Les yeux perdus sur l'horizon, elle fixait les attractions de Dragon Park, qui s'étendaient à perte de vue. Elle avait l'impression d'être sur un grand huit. Les dragons et les montagnes russes avaient d'ailleurs beaucoup en commun. La hauteur. La vitesse. Les cris. Se retrouver la tête en bas. Et sentir affluer l'adrénaline.

Tout en prenant une lente inspiration, elle caressa du bout des doigts la crinière caramel de Nephryte. Son dragon Sylvérite ressemblait à un renard géant auquel on aurait greffé des ailes. Deux énormes défenses de sanglier dépassaient de sa gueule.

Louison ferma les yeux et s'efforça de faire abstraction de la foule entassée dans les gradins en contrebas.

L'arène principale de Dragon Park était pleine à craquer. Des visiteurs du monde entier étaient venus assister au grand tournoi des dragonnautes qui marquait le point d'orgue de cette journée de fête : le dixième anniversaire de Dragon Park.

Dans le ciel bleu étincelant, un ballon gonflé en forme de dragon rose s'envola, probablement échappé d'une petite main d'enfant. Louison ouvrit les yeux à temps pour le voir dériver devant elle. Et sourit.

Quand elle baissa la tête pour rajuster la bride de son casque, elle réalisa que tous les yeux étaient rivés sur la plateforme d'où elle s'apprêtait à s'élancer. Les dragons, considérés comme un miracle de la science, fascinaient tous les êtres humains.

Il était temps de leur montrer qu'ils avaient raison.

La jeune dragonnaute passa la main dans sa combinaison et serra la dent de dragon accrochée à son collier. Comme avant chaque vol, elle lut l'étrange inscription qui figurait sur cette pointe incurvée :

HEADENVAL.

– Il ne s'agit pas d'une simple dent, mais de la clé du royaume des dragons, lui avait dit son père quand il la lui avait offerte, quelques jours seulement avant de disparaître.

Elle glissa le croc contre sa poitrine et adressa du bout des lèvres une prière rapide à Lucas Belrêve, son père adoré qu'elle ne reverrait plus. Ce généticien merveilleux, créateur des dragons. Il avait tout sacrifié pour ses créatures sans savoir qu'elles le conduiraient à sa perte.

Papa... J'espère que tu as trouvé Headenval. Et que tu veilles sur moi de là-bas...

– Louison, t'es prête ? Ça va être ton tour.

La voix de Felix la ramena à la réalité.

Après son dragon, Felix Lupin était probablement la personne avec qui Louison passait le plus de temps. Le jeune dracologue était le soigneur de sa monture. Et il était surtout drôlement craquant. Depuis l'immense tour de contrôle du CERVo, le Centre d'évaluation des risques volants, il supervisait les vols de Nephryte et veillait avec ses collègues à éviter toute collision entre les créatures.

– OK. On va leur montrer que les Sylvérites sont les dragons les plus fabuleux du parc. Pas vrai, Nephryte ?

En entendant son nom, sa monture secoua l'échine. Comme si elle approuvait.

Nephryte ne réalisait peut-être pas l'importance de cette journée pour la jeune dragonnaute, mais il captait l'excitation qui montait le long des murs de l'arène.

D'un coup sec du poignet, Louison ordonna à son dragon de s'avancer sur le rebord de la plateforme dominant l'arène.

Concentre-toi sur ton enchaînement. Ton cœur doit battre à l'unisson avec celui de ton dragon.

Les mots d'Adjaf Oldson résonnaient en elle. Au fil des années, le maître dragonnaute était devenu son mentor, mais aussi son ami. Avec son visage encadré par de longs favoris et ses cheveux argentés mi-longs, il avait l'air d'un nounours bienveillant. Depuis la disparition de son père, quatre ans plus tôt, c'est vers lui qu'elle se tournait quand elle avait besoin d'aide ou de réconfort.

Louison savait qu'il était tout en bas, derrière les corrals à dragons, assis sur son propre Sylvérite. Adjaf ne quittait qu'exceptionnellement sa monture, qui lui faisait office de fauteuil roulant. Il avait perdu l'usage de ses jambes neuf ans plus tôt, alors qu'il était encore cascadeur pour le cinéma. Sans Dragon Park, il aurait probablement sombré dans la dépression. D'une certaine manière, les dragons l'avaient sauvé.

Mentalement, Louison se repassa une dernière fois le film de ses enchaînements, tout en calant son rythme cardiaque sur celui de sa monture. Les capteurs de sa combinaison lui transmettaient les moindres variations du métabolisme de Nephryte. Il était au mieux de sa forme. Légèrement nerveux, et totalement concentré.

Exactement comme elle.

Nephryte n'était pas un simple dragon. Plus qu'une monture, il était devenu son animal totem. Une sorte de double. Et elle avait une confiance absolue en lui.

– *Nephryte. Dorag Bimran*, annonça-t-elle dans le micro de son gant draconique.

En une fraction de seconde, ses paroles furent transmises au capteur d'électro-runes implanté dans la tempe de son dragon. Celui-ci poussa un grognement. Il avait compris le message et frappa l'air de sa longue queue avant de plonger vers le sol.

« Allez, mon vieux Nephryte, il est temps de leur en mettre plein la vue. »

Son dragon fila comme une comète, ses longues ailes pourpres repliées contre son corps. Louison se cambra autant que possible, sentant ses longs cheveux bruns flotter dans son cou.

Entraînée vers le vide, elle avait l'impression d'être dans un ascenseur en chute libre. Les rangées de spectateurs défilèrent devant ses yeux. Presque au ralenti.

Le temps semblait toujours se dilater lorsqu'elle effectuait des figures sur son dragon. Cette sensation, que l'on retrouvait chez les pilotes de course, permettait de réagir au millième de seconde. D'acquérir des réflexes supérieurs à la moyenne des autres êtres humains.

Quand le sol ne fut plus qu'à quelques mètres des défenses de sa monture, elle cria :

– *Bromva Kil !*

Dans un grand claquement majestueux, Nephryte déploya ses ailes membraneuses et posa son ombre en plein centre de l'arène. Le silence subjugué qui avait accompagné sa descente fut aussitôt englouti dans un tonnerre d'applaudissements.

– Waouh ! Quelle entrée ! Encore mieux qu'aux entraînements !

La voix enjouée de Felix fit frémir Louison. Elle imagina ses yeux bleus cachés derrière ses longues mèches brunes, et ses petites lunettes rondes qui lui donnaient un air rêveur et terriblement... savant.

Reste concentrée. Pense à ton enchaînement.

– Merci, mais c'est pas fini. Le spectacle ne fait que commencer.

– D'après les indicateurs, la condition physique de Nephryte est excellente.

– Oui, je le sens capable de tout.

– Il n'est pas le seul à être au top. N'oublie pas que la valeur d'un dragon réside aussi dans son dragonnaute. Si Nephryte est si doué, c'est grâce à toi.

Elle balbutia une réponse maladroite, et énonça une série de commandes vocales afin de faire redécoller son dragon. Il était temps d'entamer la valse des loopings au milieu des immenses cerceaux de l'arène.

Elle plissa les yeux et se focalisa sur sa cible. Sa combinaison lui permettait de piloter son dragon avec une précision que son père n'aurait jamais pu imaginer. Il avait fallu des mois de travail à toute une équipe d'ingénieurs pour la mettre au point.

À chaque directive qu'elle donnait dans son gant draconique, Nephryte plongeait instantanément dans les disques dorés disséminés tout autour de l'arène. Avec une telle aisance que Louison se demandait parfois si elle ne communiquait pas par télépathie avec lui.

Après la quatrième arabesque, le dragon vrilla sur le côté et effectua un passage prolongé le long des gradins.

Il était temps de passer au bouquet final.

– Nephryte, Vil Dimshka.

Dans un dernier élan, ils grimpèrent tous les deux à la verticale. Louison avait réservé une surprise aux spectateurs… et à Felix.

Ils franchirent les murs de l'arène et s'élevèrent assez haut dans le ciel pour distinguer l'île en forme de dragon sur laquelle ils se trouvaient.

Louison aperçut la tour du CERVo parmi les multiples attractions disséminées dans le parc et eut presque envie d'adresser un coucou à Felix. Dans le lointain, perchée sur une colline, trônait la silhouette de l'académie Saint-Hydre, où les dragonnautes effectuaient leur formation.

Nephryte continua de grimper, au point de toucher le sommet du Dôme électromagnétique. Presque le toit du monde.

Le toit de leur monde, en tout cas.

– Euh, Louison, tu comptes aller loin comme ça ? lui demanda Felix. On n'a jamais répété une figure pareille !

– Je sais. Je sais… Mais c'est pas tous les jours qu'on fête les dix ans du parc. J'espère que t'es bien assis, parce qu'on va tout donner. *Nephryte*, *Dorag Bimran*, murmura-t-elle dans son gant.

Docilement, sans le moindre grognement, le dragon bascula sur le dos.

Et entreprit sa descente.

Vertigineuse.

Piquant vers le cœur de l'arène, tel un boulet de canon en chute libre, aussi vite que pouvait aller un Sylvérite.

Et, comme si ce n'était pas suffisant, Louison décida de mettre en application une technique de son mentor.

– Felix ? Prépare-toi, les capteurs de Nephryte risquent de s'affoler un peu.

– Pourquoi ? Tu comptes faire quoi exactement ?

– Notre botte secrète. Un truc dont nous a parlé Adjaf. La spirale.

– Pardon ?!

– Ouais, bon, Adjaf, appelle ça « la torpille ». Mais j'aime pas trop employer ce genre de mot avant de me lancer en vrille sur un quatorze-tonnes... Les torpilles finissent toujours par s'écraser.

Elle remplit ses poumons d'air, pria pour que son petit-déjeuner soit bien en place dans son estomac et cria :

– *Nephryte ! Floll Wyngm !*

Obéissant à ses ordres, son dragon replia ses longues ailes et se mit à tourner de plus en plus vite sur lui-même. Comme plongée dans une centrifugeuse, Louison plissa les yeux et serra les dents. Ou l'inverse.

À travers la visière de son casque, l'île n'était plus qu'une tache floue, faite de coups de pinceaux frénétiques. Ondulant. Tournoyant.

Concentrée. Elle devait rester concentrée. Pour freiner au dernier moment.

Elle se cramponna à son énorme monture. Blottie dans ses longs poils caramel, elle sentait les capteurs de sa combinaison vibrer à l'unisson avec son dragon. Une forme d'euphorie monta en elle, et elle laissa échapper un cri de joie.

Le vent lui sifflait dans les oreilles, lui chantant doucement qu'elle était complètement folle, et que, si Nephryte se blessait, elle serait tenue pour responsable. Curieusement, le vent avait la même voix que Felix.

Les avant-bras crispés sur les sangles, elle garda les yeux rivés sur le centre de l'arène. Elle attendait le dernier moment pour faire freiner son dragon. Pour clore cette journée de la plus belle des manières.

Mais quand son dragon toucha enfin le sol, les applaudissements furent aussitôt recouverts par le bruit d'une gigantesque explosion dans le lointain.

Immédiatement suivi de cris d'effroi remontant les allées du parc.

CHAPITRE 2

Jusqu'à ce que le toit lui tombe dessus, Nino Belrêve trouvait cette fin de journée dans le Volcan de Cristal plutôt amusante. Pour une fois, l'énorme attraction abritant les Volcaons était déserte. Tous les spectateurs avaient quitté les lieux pour assister à la grande parade des dragons dans l'arène.

– Eh, Scary, qu'est-ce qui est encore plus dégueu qu'une crotte de Volcaon ?

– Je ne sais pas.

– Des dizaines de crottes de Volcaons !

– Ah... Ah. J'suis mort de rire, fit Oscar d'un ton morne. T'aurais dû faire une carrière de comique, tu sais ?

Nino adressa un clin d'œil à son ami en sueur. Sa peau noire offrait un contraste saisissant avec sa combinaison argentée. Nino braqua le manche de son aspirateur géant en direction d'une énorme déjection de dragon. D'une pression sur la détente, elle fut immédiatement engloutie par le Klin-Gun. Nino, imitant un cow-boy, fit ensuite mine de souffler sur le canon. Avec son équipement sur le dos, il se sentait comme dans le tutoriel de *Final Quest*, son jeu vidéo préféré. Celui où le héros devait nettoyer les écuries du roi avant de commencer sa grande aventure.

Dans le cas de Nino, le nettoyage de la demeure des Volcaons était sa punition pour avoir donné des laxatifs à des dragons-poules, appelés Becqueteurs. Mais cela ne le dérangeait pas le moins du monde, pour au moins trois raisons. D'abord parce que rien ne valait la tête des visiteurs face à ces curieux dragons-poules en pleine crise de diarrhée. Ensuite parce qu'il avait ainsi une bonne excuse pour ne pas assister à l'affligeant spectacle de sa sœur. Et enfin parce qu'il était fasciné par les Volcaons et que toute occasion de se rendre auprès d'eux était bonne à prendre.

Depuis qu'il vivait sur l'île, Nino considérait Dragon Park comme son terrain de jeu personnel, et se sentait particulièrement fier d'être autorisé à aller là où aucun touriste ne se rendrait jamais.

En l'occurrence, à l'intérieur même du Volcan, grande montagne aux parois de verre où la température avoisinait les 50 °C. Chaque étage ressemblait à une grotte de quinze mètres de haut, ce qui laissait assez d'espace aux Volcaons pour qu'ils s'ébattent librement.

Nino se sentait comme un astronaute mettant le pied sur la Lune.

Mourant de chaud dans sa combinaison.

Oscar était loin de partager son enthousiasme. Il traînait les pieds plusieurs mètres derrière son ami.

– Dépêche, lui lança Nino. T'es pas pressé d'aller voir les Volcaons ?

– Bof. Me faire cramer, c'est pas trop mon truc.

– T'es trop trouillard, Scary. Tu crois vraiment que Doug nous laisserait venir si c'était dangereux ? C'est ton père, je te rappelle. On craint rien. Les Volcaons sont à l'abri derrière la barrière électromagnétique.

Ces épais faisceaux bleutés permettaient de créer des enclos provisoires, bien utiles lors des opérations de maintenance.

Nino s'approcha de ces barreaux électromagnétiques pour aller observer de plus près les dragons aux naseaux encore fumants. Couverts d'écailles brunes, avec des pics en guise de collerette et deux larges cornes sur le front, les Volcaons se rapprochaient le plus des représentations traditionnelles des dragons.

– Regarde-les. Tu as vu comme ils sont puissants et majestueux.

– Et mortels, surtout, ajouta Oscar. Je te rappelle qu'ils crachent du feu.

Il avait raison. Du haut de leurs quatre mètres, ils étaient les seuls à pouvoir accomplir cet exploit, grâce à l'acide stocké dans leur estomac.

– Trois mètres soixante au garrot, pour vingt et une tonnes. Tu as reconnu Furor ? C'est facile, il a une corne sous le menton, lança Doug en descendant un escalier encastré dans la paroi.

Le père d'Oscar, Doug Peticare, était le dracologue en chef du parc, une sorte de vétérinaire spécialisé dans les dragons. Également vêtu d'une combinaison argentée qui masquait sa maigreur, son visage couvert d'une légère barbe grisonnante paraissait toujours souriant. Nino l'adorait. Il était capable de citer la moindre particularité des dragons, et faisait preuve d'un enthousiasme sans bornes pour toutes les créatures du parc. À l'opposé d'Oscar, qui avait du mal à voir en eux autre chose que des monstres susceptibles de le tuer.

Bien souvent, Nino se demandait comment il aurait fait si les Peticare n'avaient pas été là pour lui à la disparition de son père. Avec une mère absente la moitié de l'année, il aurait probablement été forcé de vivre sous les ordres de sa sœur Louison... Le cauchemar. Rien que pour cela il serait éternellement reconnaissant à Doug et Martha.

Nino s'approcha de la barrière électromagnétique, au point d'en sentir le grésillement. Il tendit doucement les doigts, essayant de s'imaginer ce que cela lui ferait s'il saisissait le faisceau. Repousser les limites, au propre comme au figuré, faisait partie de ses habitudes.

À quelques mètres de lui, le Volcaon le scrutait attentivement.

– Salut, Furor. Tu… Eh ! Il m'a fait un clin d'œil ! s'exclama Nino.

– Peut-être qu'il t'a reconnu ? suggéra Doug. D'après nos études, les Volcaons sont assez physionomistes. Leur œil est capable de distinguer trente-deux millions de couleurs. Et ils possèdent en plus une vision infrarouge grâce aux fossettes thermiques situées sur leur front. Sous leurs airs de monstres, ils sont extrêmement intelligents.

Nino contempla les spécimens. À chaque fois qu'il les voyait, il se demandait comment son père avait pu produire un tel miracle. Il était de notoriété publique que Lucas avait fabriqué toutes les espèces de dragons de l'île en combinant les particularités génétiques de différents animaux et insectes. Mais personne ne savait exactement comment il avait procédé pour donner vie aux Volcaons. Son père avait fait preuve de génie… Pas facile pour Nino de se montrer à la hauteur.

– Pff. C'est vraiment trop bête que personne n'ait essayé de les chevaucher… regretta Nino.

– Oh, mais certains s'y sont déjà risqués, répliqua Oscar.

– Et alors ?

– Ben... ça n'a pas été un franc succès.

– Pourquoi ça s'est mal passé ? Ils ne se laissent pas faire ? insista Nino.

– Non, expliqua Doug. Leurs écailles sont trop épaisses pour qu'on puisse leur implanter un capteur d'électro-runes. Certaines font quinze centimètres. Du coup, il est impossible de communiquer avec eux et de les faire obéir.

– Je sais à quoi tu penses, intervint Oscar. Tu comptes devenir le premier dragonnaute à grimper sur un Volcaon ? Tu te prends pour le cavalier-dragon de *Final Quest* ?

– Vas-y ! Moque-toi, moque-toi. Tu feras moins le malin quand je serai à Saint-Hydre.

S'il y avait une chose que Nino attendait plus que tout, c'était bien de faire sa rentrée à l'académie.

Apprendre le draconien, découvrir l'anatomie des dragons, devenir un dragonnaute... Rien ne pouvait lui faire plus plaisir.

– Allez, on se dépêche un peu, fit Doug. Je vous rappelle que vous êtes punis, pas en sortie éducative. Il vous reste pas mal de crottes à nettoyer.

– C'est nul, soupira Nino. On ne peut pas rester encore un peu ?

À contrecœur, il finit par faire demi-tour, essayant de contrôler sa frustration. Ce qui n'était pas facile. C'était plus fort que lui. Hyperactivité, troubles de l'attention, excitation... Il avait souvent entendu ces mots dans la bouche de sa mère, comme s'il s'agissait d'une maladie grave. Elle considérait que tout cela était lié à la disparition de son père.

Il avait beau tenter de se contrôler, il ressentait toujours ce besoin de s'amuser, de s'exprimer, de faire n'importe quoi. Mais n'était-ce pas normal quand on avait douze ans ?

– Alors, quand on aura terminé, on montera dans la salle du trône pour voir Brazeera ? Tu nous l'avais promis, lui rappela Nino.

Doug fit mine de réfléchir.

– Je suppose que oui, à condition d'aller vite. Il se fait tard, et vous savez qu'Hercule n'aime pas que l'on traîne dans le Volcan.

– Euh, c'est bien prudent, p'pa ? J'ai pas envie de me faire dévorer par la reine des Volcaons.

– Trouillard. Je ne suis pas sûr que Brazeera t'apprécie, de toute façon, fit remarquer Nino. Allez, tu verras, tu ne vas pas en revenir.

– Justement, j'aimerais bien.

– Quoi ?

– En revenir.

– Ha, ha. Mais c'est toi le comique, en fait.

Une heure et demie plus tard, une fois le sol du troisième étage entièrement nettoyé, les enfants déposèrent leurs aspirateurs Klin-Gun au pied de l'escalier. Accompagnés de Doug, ils gravirent les marches jusqu'à la salle du trône.

Perchée au sommet du Volcan, cette salle s'élevait à plus de vingt mètres. Au centre, un large rocher ovale faisait office de nid pour le plus beau spécimen de dragon du parc. Brazeera. La reine des Volcaons.

Quand ils débouchèrent à l'intérieur, Doug saisit les deux enfants par le col.

– Attendez. Même s'il y a peu de risques qu'elle quitte son perchoir, mieux vaut activer les barrières.

Il sortit une tablette électronique de sa poche et pianota sur l'écran. Le plan du Volcan de Cristal s'afficha et, d'une pression du doigt, Doug déclencha les bornes lumineuses, emprisonnant la reine dans une pyramide électromagnétique. Voilà. Ils ne craignaient plus rien. En théorie.

– Bon, on l'a vue, vous êtes contents ? lança Oscar. On peut redescendre maintenant ? Pas la peine de s'éterniser ici. J'aimerais bien assister à la parade finale.

– Pour voir Louison faire son intéressante ? Non, merci. Deux secondes, Scary. C'est la première fois que je peux contempler Brazeera d'aussi près. Allez, viens.

Nino marcha vers la reine. Un sourire radieux illuminait son visage.

– T'es sûr que ça ne craint rien, papa ?

– Mais non. La barrière est infranchissable. Tu crois vraiment que je vous amènerais là s'il y avait le moindre risque ?

Brazeera semblait sereine. Les ailes repliées dans le dos, les yeux mi-clos, elle ne leva même pas son museau couvert de pics quand les visiteurs approchèrent, se contentant d'un grondement sourd. Elle protégeait chaleureusement son trésor.

Ou plutôt son miracle.

Trois œufs rouge vif, parsemés de petites veinules vertes. De forme parfaite, ils luisaient comme une braise ardente. Ils avaient été pondus treize mois plus tôt. Comme ça. Sans crier gare. Faisant au passage mentir toutes les prédictions sur l'impossibilité pour les dragons de se reproduire.

– Vous avez vu comme l'air ondule autour des œufs ? D'après nos calculs, la température dépasse les 203 °C à l'intérieur, expliqua Doug.

– C'est dingue.

– Ton père aurait été tellement heureux de voir ça, Nino. Tu te rends compte ? Pour la première fois, une espèce de dragon va se reproduire de manière naturelle.

Nino acquiesça. Il imaginait que Doug avait raison, que son père aurait été fou de joie. C'était ce que tout le monde lui répétait à longueur de temps. Sa mère, sa sœur… Lui au milieu faisait semblant d'approuver. Il essayait de se convaincre, alors qu'à vrai dire il n'en avait pas la moindre idée. Il avait beau faire son possible pour ne pas oublier, les maigres souvenirs de son père lui échappaient, comme un rêve s'effilochant quelques minutes après le réveil. Il n'avait que huit ans au moment de la mort de Lucas et ne se rappelait plus grand-chose. À l'exception de quelques images fugaces. D'une présence, de son regard bienveillant et secret à la fois. De ses yeux très clairs aux contours légèrement plissés, emplis de mystère.

– Ouais. Le jour où ils vont éclore, ça va être fou. Pas vrai, Scary ?

– Ouais, ouais.

– Vous savez qu'Hercule a prévu de… Hé !! C'était quoi, ça ?! s'écria Doug.

La femelle Volcaon venait de se redresser d'un seul coup, les yeux rivés sur le plafond de verre. En direction du ciel.

– Vous n'avez pas entendu un bruit ? demanda Oscar avec angoisse.

– Si. Et je n'aime pas trop ça. Brazeera non plus, d'ailleurs, fit remarquer Nino.

Soudain, l'immense Volcaon tendit son cou orné d'un collier de pics et d'écailles et ouvrit grand la gueule. Elle poussa un cri suraigu, accompagné de longues flammes léchant le plafond. Un cri à vous faire saigner les tympans, repris en chœur par tous les Volcaons aux étages inférieurs.

Nino recula d'un pas. Il se passait quelque chose d'inhabituel. Jamais il n'avait vu des dragons agir de la sorte.

Il sentit alors comme un souffle d'air frais s'engouffrer depuis l'extérieur. Et, aussi incroyable que cela puisse paraître, le plafond du Volcan de Cristal se fissura.

CHAPITRE 3

C'était impossible, pensa Doug. *Ce lieu était construit pour contenir les Volcaons. Comment pouvait-il se craqueler ?*

Sans perdre une seconde, il agrippa les deux garçons par la manche, et les entraîna vers l'escalier. Il fallait sortir de là. Rapidement.

Mais ils n'en eurent pas le temps. À peine avaient-ils tourné les talons qu'un nuage noir se posa sur le toit du Volcan de Cristal. Telle une nuée de corbeaux géants.

Au même instant l'alarme du parc se déclencha, et le plafond vola en éclats. Nino, Oscar et Doug se jetèrent au sol, derrière une roche volcanique, tandis que des centaines de morceaux de verre, tranchants comme des couteaux, s'abattaient autour d'eux.

L'explosion fut d'une violence inouïe.

Couchés par terre, ils plaquèrent leurs bras sur leurs têtes. Leurs combinaisons les protégèrent des débris. Nino sentait son cœur battre dans sa poitrine. Il ne comprenait pas ce qui se passait. D'où venaient ces choses s'engouffrant par dizaines dans la demeure des Volcaons ?

Il leva la tête à travers un nuage de verre et de poussière et distingua, derrière le rocher, des silhouettes étranges, noires comme le goudron, aux ailes luisantes. Des dragons à nul autre pareils.

À l'apparence presque... humaine.

Des ailes translucides encadraient leurs corps musculeux et sur le sommet de leurs crânes s'échappaient des cornes terrifiantes qui formaient un casque osseux. Diabolique.

Au milieu de leurs dos, un gigantesque dard ondulait avec la nervosité d'un cobra prêt à mordre. Encore plus terrifiant que toutes les griffes de dragons réunies.

– Vite, murmura Doug. Il faut sortir de là.

Les garçons le suivirent, en rampant jusqu'à l'escalier, priant pour rester inaperçus. Heureusement pour eux, l'attention des monstres semblait focalisée sur Brazeera. Tournoyant autour d'elle, ils l'encerclaient et l'attaquaient sans relâche, essayant de l'atteindre en passant leur dard à travers les faisceaux électromagnétiques.

La reine Volcaon tordait son cou dans tous les sens et poussait des rugissements désespérés. Elle crachait de longues gerbes de flammes sur ses assaillants. Prête à tout pour se défendre et protéger ses œufs.

Nino n'avait jamais rien vu d'aussi terrible. Malgré sa taille et sa puissance, la reine paraissait terrorisée.

– C'est quoi, ces horreurs ? demanda-t-il, accroupi dans l'escalier. Pourquoi ils s'en prennent à Brazeera ? Qu'est-ce qu'ils lui veulent ?

– J'en sais rien, répondit Doug. On ne peut pas rester là. On doit filer aussi vite que possible.

– Quoi ? On ne peut pas l'abandonner !

– Qu'est-ce que tu proposes ? s'agaça Oscar. On va leur faire des croche-pattes ? T'as vu la tronche de ces trucs ?

– Oscar a raison. On ne peut rien pour elle.

Doug entraîna les garçons avec lui. Devant son impuissance, Nino sentit son corps se mettre à trembler. Il avait l'impression d'avoir été projeté au cœur d'un cauchemar. Pourtant, il était hors de question qu'il reste sans rien faire. Imperméable aux appels de Doug et Oscar, il fit demi-tour et se précipita en direction de son Klin-Gun.

– Nino ! Qu'est-ce que tu fais ? Reviens immédiatement, cria Doug.

Au même instant, une nouvelle explosion retentit. Les hommes-dragons venaient de détruire les bornes électromagnétiques. Plus rien ne protégeait Brazeera désormais.

Nino savait qu'il s'apprêtait à faire quelque chose de stupide. Encore plus stupide que de filer des laxatifs aux Becqueteurs. Mais les grosses bêtises étaient justement sa spécialité.

– Nino ! C'est de la folie !

Trop tard. Il parvint en haut des marches. Et, après avoir placé le bouton du Klin-Gun sur la position « vidange », il pressa la détente. Un flot d'excréments fut instantanément projeté sur les hommes-dragons, qui perdirent l'équilibre.

Brazeera profita de l'occasion pour en croquer deux et en brûler une demi-douzaine de plus.

– Bien fait pour vous ! s'écria Nino. Allez, Brazeera. Défends-toi. Montre-leur qui est le boss.

Hélas, une dizaine d'autres monstres arrivèrent, déployant leurs ailes et ouvrant grand leurs gueules emplies de crocs terrifiants. Plusieurs d'entre eux se lancèrent à la poursuite de Nino, qui regretta instantanément son geste.

Qu'avait-il fait ? Comment avait-il pu un instant envisager de sauver une reine Volcaon d'une armée de monstres avec un pistolet à crottes ?

Bon dieu, Nino. T'es pas dans un jeu vidéo.

Le réservoir du Klin-Gun pesait terriblement lourd. D'un coup d'épaules, il fit glisser les sangles et le laissa tomber au sol. Juste derrière lui, les monstres se rapprochaient. Le claquement de leurs ailes et l'étrange bruit d'insectes s'échappant de leurs bouches le terrifiaient. Ils allaient le rattraper, le transpercer de leur dard et ce serait la fin.

Il allait mourir comme son père. Tué par un dragon.

Une griffe trancha l'air à quelques centimètres de son dos. Les hommes-dragons lui collaient aux talons. Il n'avait pas d'autre solution. Il bondit en avant et se laissa glisser le long de la rambarde. Il se faisait toujours gronder quand il descendait ainsi dans le salon des Peticare prendre son petit-déjeuner. Mais cette fois Doug ne lui dirait probablement rien. En espérant qu'il ne l'ait pas abandonné…

– Doug ! Doug ! T'es là ?

Le dracologue se trouvait à l'autre bout de la salle.

– Nino ! Dépêche-toi. Les Volcaons se sont libérés.

Suite à l'explosion, tous les faisceaux électromagnétiques s'étaient arrêtés. Nino vit les Volcaons se précipiter dans sa direction, prêts à affronter les hommes-dragons. Le combat risquait d'être effroyable.

– Doug. Aide-moi, je t'en prie !

Le dracologue empoigna le bras de Nino pour le mettre à l'abri avant que les Volcaons le piétinent. Mais, juste avant de mourir dévoré par un Volcaon, l'un des hommes-dragons l'attaqua de son dard. La pointe manqua sa nuque de quelques centimètres et se figea dans son épaule. Nino poussa un hurlement déchirant.

Une douleur inimaginable envahit tout son corps, tandis que Doug le traînait loin de la mêlée. Nino avait l'impression d'avoir été à la fois brûlé sur un bûcher et plongé dans un lac d'eau gelée.

Il sentit sa conscience dériver. Il ne percevait plus que de grandes taches floues et colorées autour de lui.

Avant de perdre totalement connaissance, il fut enveloppé par la chaleur des flammes des Volcaons qui affrontaient leurs ennemis. Par la fournaise. Il entendit les cris perçants des monstres périssant dans le brasier.

Puis ce fut le néant...

CHAPITRE 4

Hercule Barnum n'était pas devenu milliardaire en se tournant les pouces.

Non, il l'était devenu en enfilant une combinaison argentée et moulante et en allant briser des os, coller des bleus et casser quelques dents devant des centaines de caméras de télévision. Et surtout en comprenant l'importance du spectacle dans notre société.

Avant d'être milliardaire, Hercule avait été catcheur. Le plus célèbre d'entre eux. De Las Vegas. De l'Amérique. Du monde. Sa moustache rousse encadrant ses lèvres épaisses était connue du Cap à Moscou, et de Tokyo à Paris, tout comme son nom de scène : « le demi-dieu ». Un nom tout trouvé quand on se prénommait Hercule.

Ses trophées étaient alignés sur une gigantesque étagère haute de trois mètres pour rappeler à ses employés qui était le patron. Et ce qu'il était capable de faire. Il y avait notamment une énorme ceinture en or massif, impossible à passer dans les boucles d'un pantalon. On pouvait lire, gravé sur la plaque centrale : *Champion du monde de catch. Demi-dieu. Poids lourd.*

Manquait juste son caractère : soupe au lait.

Pour l'heure, sa moustache frémissait de rage devant les écrans de sécurité encastrés dans le mur de son bureau. Une explosion venait de perturber la fête de son parc et des monstres sortis de nulle part avaient pris d'assaut le tunnel juste derrière les docks d'embarquement qui acheminaient chaque jour des milliers de touristes. Il avait immédiatement regagné son bureau, au dernier étage de l'académie Saint-Hydre, pour suivre les rapports qui lui provenaient en direct du CERVo. Ils étaient accablants. Si un véritable demi-dieu lui avait proposé un coup de main, il l'aurait accepté sans hésiter.

– Je me fous de savoir comment ces trucs sont entrés, vous entendez ! Ce qui compte, c'est qu'ils ne ressortent pas ! Renforcez le champ électromagnétique ! Même un pet de dragon ne doit pas pouvoir s'échapper ! Et assurez-vous que tous les visiteurs sont en sécurité ! Si ces monstres me les terrorisent ou me les blessent, on va devoir les rembourser tous !

Blam !

Sans lâcher son téléphone, il décocha un méchant coup de poing dans le mannequin installé à côté de son bureau. Histoire de passer ses nerfs. C'était Edwige, sa secrétaire, qui lui avait conseillé de l'acheter, fatiguée de devoir constamment remplacer son mobilier après ses coups de sang.

– Je veux tous les dragonnautes en action ! MAINTENANT ! Vous comprenez, Adjaf !? Vous me rassemblez tout le monde. Je veux qu'ils les bouffent ! Les écharpent ! Les… raaaaaah ! hurla-t-il dans le combiné.

Et re-*blam*.

– Ouais ! Et envoyez Aidan avec ses Noctris ! cria une petite voix de crécelle juste derrière lui.

Aucune corde de violoniste débutant ne couinait aussi bien que Betty Barnum. Hercule bâillonna de sa main le récepteur du téléphone.

– Maman ! Chut ! Tu sais bien qu'on ne peut pas lâcher les Noctris dans le parc comme ça. Elles me dévoreraient tout le monde sans hésiter.

– Pfffft, fit la petite femme en creusant les sillons de son front. T'as toujours été trop timoré. Ah là là. Sans moi, tu ne serais jamais devenu champion du monde.

Le regard sombre d'Hercule oscilla entre le mannequin et sa mère. « Trop timoré, je t'en filerais, moi, du trop timoré… » L'espace d'une seconde, il sembla hésiter.

Et si elle avait raison ? Après tout, Aidan Nexus lui avait bien prouvé qu'il était capable de contrôler les Noctris, ces créatures croisées de sangsue, lamproie marine et serpent volant. Après plusieurs années à tenter de les domestiquer, parfois au péril de sa vie, le maître dragonnaute avait réussi à les faire obéir. Pourtant, Hercule n'était pas prêt à les envoyer affronter des intrus. Qui savait comment les Noctris réagiraient une fois sorties de leur caverne ? L'ancien catcheur refusait de faire courir un risque supplémentaire aux spectateurs du parc. Et cela le mit en colère.

Re-re-*blam*.

Un somptueux coup de coude envoya valser le mannequin sur le carrelage blanc.

– Hercule ? Vous êtes toujours là ? demanda la voix d'Adjaf dans le téléphone.

– Oui, j'suis là, rugit Hercule dans le combiné. Et vous, vous devriez déjà être en train de faire la peau à ces… trucs ! Vous attendez quoi ?

– OK, Hercule. Mais je vous rappelle que nos dragons sont conçus pour voler, pas pour attaquer.

– Ben, ils ont intérêt à apprendre vite fait.

Il raccrocha rageusement et frotta son crâne lisse jusqu'à le faire rougir. Il n'aimait pas parler comme ça à Adjaf Oldson. Le maître dragonnaute avait toujours fait de son mieux depuis qu'il l'avait recruté. À lui seul, et malgré son handicap, il avait dressé la moitié des dragons de l'île.

Tous deux s'étaient connus sur le tournage du film *Hercule contre les Titans infernaux*, au cours duquel Adjaf avait perdu l'usage de ses jambes. Pour autant, si Hercule avait fait appel à lui pour venir travailler à Dragon Park, ce n'était ni par pitié ni par charité, mais bien parce qu'il était le meilleur et le plus courageux de tous. Même en fauteuil roulant.

– Nom d'une méduse ! Quelqu'un peut m'expliquer d'où viennent ces foutues bestioles ? cria-t-il dans son bureau en jetant un coup d'œil par la fenêtre.

– Ne t'excite pas, mon chéri, coassa Betty en essayant d'adoucir sa voix autant que possible. C'est mauvais pour ta tension. Tu sais, si tu avais envoyé les Noctris, le problème serait déjà réglé.

Elle s'approcha de son fils en dodelinant de la tête en rythme avec son postérieur. Malgré son grand âge, elle restait pour son fils une sorte de déesse. Celle qui savait tout. Le conseillait. Le guidait. Le critiquait. L'exaspérait. La déesse des reproches permanents.

– Mais ne t'en fais pas, maman est là pour t'aider. Tu te souviens de ce que je te dis toujours ? Ce qui ne te tue pas va passer un sale quart d'h...

Hercule n'écouta pas la fin de sa phrase. En appuyant sur un bouton, il effectua une capture d'écran depuis les vidéos diffusées sur son mur. Il grossit l'image, zoomant sur l'une des créatures qui prenait d'assaut son parc.

Sa moustache se mit à trembler, et une goutte de sueur s'écoula depuis sa tempe droite.

Sous ses yeux se tenait une forme surgie du passé. Un cauchemar dont il se croyait débarrassé. Un traumatisme qui ne pouvait s'oublier.

Un homme-dragon, plus grand que les autres. Plus agile. Plus robuste. Plus terrifiant. Qui avait grandi dans ce parc, et qu'il croyait mort depuis quatre ans.

Aussi sûrement que la nuit finit toujours par tomber, Draklhord était de retour.

L'ancien catcheur comprima ses poings en observant attentivement l'image.

Draklhord était unique. D'où venaient donc les dizaines de créatures qui l'accompagnaient ? Elles avaient toutes le même sourire carnassier qui se découpait sur leurs immondes visages. Les mêmes cornes grises incurvées. La peau noire calcinée couleur de mort, tels des cavaliers de l'enfer. Dans leurs dos, une gigantesque paire d'ailes flottant dans le vent comme des rideaux déchirés.

Des Nemrogs.

Nemrog... Un nom qu'il pensait ne plus jamais avoir à prononcer. Et qu'il avait fait disparaître de tous les fichiers de Dragon Park. Cela ne lui arrivait pas souvent, mais il devait l'admettre : il s'était bel et bien trompé. Quand Anna Belrêve, la femme de Lucas, l'avait supplié de l'écouter, de lui faire confiance. Quand elle lui répétait que Draklhord était toujours en vie, caché quelque part, attendant son heure. Dire qu'il avait presque réussi à se convaincre de sa mort. Sous prétexte qu'il était parvenu à donner naissance à ses rêves, il s'était imaginé que ses cauchemars pouvaient mourir. *Quel idiot*. Non seulement Draklhord était en vie, mais il en existait à présent des dizaines de son espèce. Des dizaines de Nemrogs. Peut-être plus.

Les poils de sa moustache frémirent à nouveau. Un signe qui ne trompait pas : cela signifiait le début des ennuis. Il serra les dents et se tourna vers sa mère sans un mot. Betty haussa un sourcil.

– Quoi ? demanda-t-elle.

– Draklhord. Il est de retour.

– Ça ne m'étonne guère. Je t'avais dit que tu aurais dû poursuivre tes recherches. Tout ça, c'est à cause de Lucas Belrêve. C'est la faute de ce maudit généticien.

Sur les écrans, la nuée des Nemrogs poursuivait sa traversée, semant la terreur dans le parc.

Heureusement, presque tous les spectateurs se trouvaient rassemblés dans l'arène principale quand les monstres avaient débarqué sur l'île. Et ils étaient maintenant en sécurité sous les protections électromagnétiques qui s'étaient immédiatement déclenchées.

Mais que veulent donc ces monstres ? se demanda Hercule. *Se venger ?*

Il blêmit en comprenant qu'ils remontaient les allées du parc en direction du Volcan de Cristal. En l'espace de quelques secondes, il les vit se poser sur le toit de la structure, qui explosa.

Voilà ce qu'ils étaient venus chercher.

Les œufs.

Les œufs de Volcaon.

– Noooooon ! Bon dieu ! Pas les œufs ! Comment peuvent-ils être au courant ?!

De rage, il décocha un coup de pied dans la tête du mannequin, qui vola contre le mur. Plusieurs photos encadrées racontant la création du parc se décrochèrent et se brisèrent sur le sol.

L'une d'elles représentait Lucas Belrêve tenant le premier spécimen de Sylvérite dans les bras, quelques jours après sa naissance. Son sourire était radieux.

– Tout ça, c'est ta faute, lança avec colère Hercule en direction du généticien disparu. Tu avais vraiment besoin de créer Draklhord ?

Hercule se précipita hors de son bureau.

– Où vas-tu ? demanda Betty. Tu ne vas quand même pas m'abandonner alors que nous sommes attaqués ?!

Il ne lui répondit pas. Elle ne risquait rien. Ce qui n'était pas le cas des Volcaons et des dragonnautes partis affronter la horde de Nemrogs. Pas question qu'il les laisse se coltiner le sale boulot. Pas question qu'il reste enfermé à tourner en rond comme un rat en cage.

Il allait leur montrer de quoi était capable un demi-dieu.

CHAPITRE 5

Louison n'avait pas perdu une seconde. Dès que l'alarme avait retenti, elle avait rejoint les autres dragonnautes, obéissant aux ordres d'Adjaf.

Elle réalisa que jamais autant de dragons n'avaient volé en même temps dans le ciel crépusculaire du parc. Ce qui en d'autres circonstances aurait constitué un spectacle magnifique était pourtant mauvais signe.

D'après les derniers rapports, il venait d'y avoir une deuxième explosion d'un côté du Volcan de Cristal.

Louison fendait l'air et cramponnait les rênes de son Sylvérite à s'en écraser les phalanges. Elle savait que son frère et Oscar se trouvaient là-bas pour nettoyer les enclos. Pourvu qu'ils n'aient rien. Malgré la chaleur de sa combinaison, un frisson d'angoisse la parcourut. Même si son petit frère et elle n'étaient plus aussi proches qu'autrefois, il représentait son dernier lien avec sa vie d'avant. La preuve vivante qu'elle avait connu une vie de famille heureuse à Dragon Park, avant la mort de son père. Et elle ne pouvait imaginer le perdre.

– Felix, quelles sont les nouvelles ? demanda-t-elle dans son casque.

– Elles arrivent au compte-gouttes. D'après nos enregistrements, un groupe de monstres ailés s'est introduit dans le parc et a filé directement vers le Volcan. Tous les dragonnautes sont en route. Je te passe en communication ouverte. Ça sera plus simple pour vous coordonner.

– Reçu. Je coupe par le labo. Je devrais être au Volcan dans moins d'une minute.

D'un seul coup, les voix de ses camarades dragonnautes jaillirent dans son casque. Frénétiques, anxieuses. Ils énoncèrent à tour de rôle leur position dans le parc.

Elle repensa aux mots de Felix. Un groupe de monstres ailés... C'était irréel. Les seuls monstres ailés existants vivaient dans ce parc. Mais alors de quoi pouvait-il bien s'agir ? D'une nouvelle race de dragons ?

Qui était assez fou pour s'en prendre à une île emplie de dragons ? Elle savait bien que des voix s'élevaient contre les manipulations génétiques à l'origine de Dragon Park, qui faisait régulièrement l'objet de menaces... Mais de là à ce qu'on vienne les attaquer. Non, il devait y avoir une autre explication.

Tandis qu'elle volait vers sa cible, les questions tournoyaient dans sa tête. Elles se mêlaient au flot de paroles des dragonnautes, qui tentaient de coordonner leur riposte, tout en essayant de se convaincre qu'ils savaient ce qu'ils faisaient, prêts à utiliser leurs montures comme des machines de guerre.

Le jour où son père avait été tué par un Noctris, Louison avait pris conscience que les dragons pouvaient être autre chose que de simples animaux inoffensifs. Et voilà qu'aujourd'hui on lui demandait de s'en servir pour repousser des monstres inconnus. Comme s'ils appartenaient à une flotte militaire, une patrouille draconique. Cela dépassait l'entendement.

– Ici Gwen Wallis sur Orciel. Nous avons le Volcan en visuel. Qu'est-ce qu'on fait ?

Une voix caverneuse à l'accent écossais lui répondit. Adjaf Oldson venait de prendre le contrôle des opérations. Aussitôt, Louison se sentit rassurée. Elle faisait entièrement confiance à son maître dragonnaute.

– Les jeunes, voilà le topo. Personne n'entre dans le Volcan sans mon accord, entendu ? Gwen et les autres chevaucheurs d'Azuréens, retournez immédiatement vous placer devant le tunnel conduisant aux docks d'embarquement. C'est par là qu'ils sont entrés et c'est leur seule issue vers l'extérieur. Je veux que vous leur bloquiez le passage s'ils tentent de s'enfuir. Les autres, nous attendons de savoir ce qui se passe à l'intérieur.

Les Azuréens étaient les dragons les plus volumineux du parc. Semblables à de larges baleines volantes, ils étaient habituellement utilisés pour transporter sur leur dos des groupes de touristes à bord de larges palanquins. Aucune créature n'était aussi massive qu'eux. Si des dragons devaient être capables d'empêcher des monstres de s'enfuir, c'étaient bien ceux-là.

– Adjaf ? Nino est à l'intérieur du Volcan ! Il faut absolument que quelqu'un aille l'aider au plus vite.

– On s'en occupe, Louison. Mais personne n'entre sans mon accord. On ne sait encore rien sur nos assaillants. Pas d'action inconsidérée.

– Mais si jamais ils...

– Belrêve, on n'a pas le temps de tergiverser. Tu sais que c'est beaucoup trop dangereux là-dedans. Vous n'êtes pas encore des maîtres dragonnautes et il est hors de question que vous mettiez votre vie en danger !

Tous les dragonnautes identifièrent la voix ferme d'Edmond Bonaparte. Et ils respectaient trop le maître dragonnaute pour répliquer quoi que ce soit. L'ancien pilote de chasse volait sur un Gryphlion, un dragon-lion à la crinière majestueuse assortie à ses épaisses moustaches blondes. Les ailes de ces dragons avaient une impressionnante envergure héritée des condors.

Après dix-neuf ans dans l'armée, Edmond Bonaparte avait été recruté pour entraîner les jeunes dragonnautes. Et leur inculquer la discipline.

– Bien compris, monsieur, fit Louison en approchant du Volcan de Cristal.

Une fumée noire et épaisse s'en échappait. Tous les dragons étaient en vol stationnaire, guettant le moindre mouvement. Soudain, une nuée de monstres jaillit dans un bourdonnement démoniaque, telle une éruption de lave sombre. Noire comme le charbon.

Il devait y en avoir au moins une trentaine. Battant l'air de leurs ailes ténébreuses, ils se jetèrent violemment contre les dragonnautes, décontenancés par tant de rage.

– Attention ! hurla Adjaf. Ils nous foncent dessus. Et... Oh ! Nom d'un dragon ! On dirait des... des Nemrogs.

– Des quoi ?!

– Rien. Restez à distance, ils peuvent être extrêmement dangereux ! lança Edmond, dans un élan de prudence.

– Il a raison. Faites attention, on ne sait pas de quoi ils sont capables. Surveillez bien leur dard !

Autour de Louison, les dragonnautes dirigeaient leurs montures du mieux qu'ils pouvaient. Esquivant les attaques vicieuses des monstres, les dragons fouettaient l'air de leurs longues queues afin de chasser leurs adversaires. Ils n'étaient pas préparés à cela. Jamais ils n'arriveraient à les vaincre. Ces monstres, ces « Nemrogs », comme les avait appelés Adjaf, étaient bien trop féroces, trop déterminés.

C'était de la folie. Comment pouvait-on demander à des adolescents de faire face à une armée d'hommes-dragons ? Leurs montures manquaient de réflexes, d'entraînement. Jamais les dragonnautes ne parviendraient à les arrêter. Alors qu'elle esquivait de justesse une griffe acérée, Louison réalisa que, s'ils s'en sortaient indemnes, ce serait un miracle.

Soudain, trois Nemrogs profitèrent de la confusion pour s'enfuir. Des objets ovales étaient collés contre leur poitrine. Les œufs de Volcaon ! Emmaillotés dans une sorte de toile d'araignée, visqueuse et collante.

– Adjaf ! Ils ont les œufs !

– Arrêtez-les. Mais prenez garde à ne pas détruire les œufs. Ils doivent rester intacts.

Louison entendit les ordres de son mentor. Mais, pour la première fois depuis qu'elle avait intégré Saint-Hydre, elle lui désobéit : elle ordonna à Nephryte de plonger au cœur du Volcan. Les œufs étaient essentiels pour le parc. Mais il y avait une chose encore plus importante à ses yeux.

Son petit frère.

– Felix, je plonge dans le volcan. Je dois aller voir si Nino est blessé.

– Euh... Bon, mais fais attention à toi.

Sans penser un seul instant au danger qu'elle courait, sans imaginer qu'elle risquait de se trouver prisonnière dans le cratère, elle s'engouffra à l'intérieur. Elle aperçut une plateforme vide en contrebas, puis elle tourna la tête en direction de la salle du trône, tentant de distinguer quelque chose à travers les volutes de fumée qui emplissaient la pièce. Des ombres paraissaient s'agiter.

– *Bromva Kill*, ordonna-t-elle à son Sylvérite, qui s'immobilisa dans les airs.

Elle devait faire vite. Les autres dragonnautes avaient besoin d'elle. Sur le sol devant elle, elle reconnut l'immense masse brune de la reine Volcaon, la gueule encore fumante. De là où elle était, Louison ne pouvait dire si la reine des Volcaons était toujours en vie. Mais la vision des Nemrogs l'assaillant de toutes parts ne lui laissa que peu d'espoir.

Louison comprit avec horreur que la fumée provenait des corps calcinés des monstres, tombés sous les lames de feu de Brazeera.

Nulle trace de son frère.

Elle laissa son dragon descendre en vol plané circulaire, glissant le long des parois jusqu'à l'étage du dessous. Là, une demi-douzaine de Volcaons gisaient au sol, entourés de Nemrogs carbonisés. Elle n'en revenait pas. Une bouffée d'angoisse la submergea. Dans leur furie incontrôlable, ces créatures avaient tué tous les dragons à l'intérieur du Volcan. En quelques minutes, ils avaient éradiqué toute une espèce. Ils avaient vaincu les créatures les plus féroces du parc. Ils avaient détruit le fruit du travail de son père.

Pourquoi ? Que pouvaient bien leur avoir fait les Volcaons ? Les larmes aux yeux, elle poursuivit sa descente. Mais les galeries du volcan étaient désertes.

– Nino ! Oscar ? Vous êtes là ?!

Pas de réponse.

L'écouteur de son casque grésilla.

– Louison ! Attention, les radars détectent du mouvement juste derrière toi.

– Mince !

Elle leva la tête précipitamment. Si Felix ne l'avait pas avertie, elle se serait fait embrocher par trois Nemrogs. Elle cabra son dragon et s'élança dans leur direction, bien décidée à esquiver leurs dards monstrueux.

Il était temps de les prendre par surprise.

– *Kol Blandr*.

À ces mots, le pelage du Sylvérite scintilla. Et les Nemrogs virent leur cible disparaître sous leurs yeux. Ils la manquèrent de peu. Louison plaqua son dragon contre la paroi. C'était la première fois qu'elle trouvait une utilité au don d'invisibilité de son Sylvérite. Une capacité héritée de son ADN de caméléon. Elle laissa les monstres glisser devant elle sans la voir. Ils ne réalisèrent que trop tard qu'ils venaient de manquer la dragonnaute lorsque Nephryte les prit à revers.

De chasseurs, les Nemrogs venaient de passer au statut de proie. Nephryte leur fonça dessus en un éclair, et les écrasa de tout son poids. Quand le Sylvérite ouvrit la gueule pour leur trancher le cou, ils eurent à peine le temps de voir les crocs démesurés apparaître sous leurs yeux. Le dragon les acheva d'un coup de patte. Mais seul l'air ondula devant eux, tandis que leur sang gicla dans le vide. Louison n'en revenait pas de la puissance de son dragon. En quelques secondes, il avait exterminé trois de ces monstres. Sa combinaison lui transmettait le rythme cardiaque du Nephryte. Elle sentait sa fureur. Sa rage. Elle comprit qu'il venait de découvrir le goût du sang.

Elle s'enfonça alors dans le ventre du Volcan à la recherche de son frère. Elle le trouva au rez-de-chaussée, gisant inerte dans les bras de Doug.

CHAPITRE 6

– Doug ! Que s'est-il passé ?

Les yeux de Louison s'emplirent de larmes quand elle découvrit Nino inconscient, l'épaule ensanglantée.

– Un de ces monstres l'a piqué. Ton frère s'est montré extrêmement courageux, tu sais. Il a tenté de défendre Brazeera.

– Ça ne m'étonne pas de lui. Aide-moi, je vais l'emmener à l'infirmerie.

– Non, dans son état, il vaut mieux ne pas le brusquer. J'ai fait appeler une ambulance. Ne t'inquiète pas, je veille sur lui. Tout va bien se passer. Va plutôt aider tes camarades.

– Merci, Doug, répondit-elle d'une voix étranglée par les sanglots.

Elle prit de la hauteur et alla rejoindre au plus vite le groupe des dragonnautes.

À mesure qu'elle remontait les allées désertes, elle sentit sa tristesse se muer en colère. Ces monstres avaient osé s'en prendre à son frère. Elle et Nephryte allaient le leur faire payer.

Nemrogs et dragonnautes s'affrontaient entre les immenses passerelles reliant les piliers du parc. Parmi eux, elle distingua Adjaf sur Volfurie, le plus grand et le plus ancien Sylvérite du parc. Aux prises avec un groupe de Nemrogs, le dragon venait d'en assommer un d'un coup de tête, avant d'effectuer un looping majestueux.

Adjaf ne se sentait jamais mieux que lorsqu'il s'arrachait à la gravité, pour accomplir les plus formidables prouesses. Avec les dragons, il avait trouvé le meilleur moyen d'accélérer la circulation de l'adrénaline dans son sang, et d'oublier que ses jambes ne lui obéissaient plus. Hercule Barnum avait fait le bon choix en le recrutant comme maître dragonnaute.

– Louison, où étais-tu passée ? fit-il. On n'y arrivera pas si on ne se met pas tous contre eux.

– Je reviens du Volcan. Ils... Brazeera est à terre, et tous les Volcaons sont morts.

– Quoi ?!! s'exclamèrent en chœur les dragonnautes.

– Vous discuterez de ça plus tard, rugit Edmond Bonaparte. Il faut absolument les empêcher de fuir dans le tunnel. Azuréens ? Vous êtes en place ?

– Affirmatif, répondit Gwen.

Il ne restait plus qu'une quinzaine de Nemrogs encore en vie, dont les trois voleurs d'œufs. Tout n'était pas perdu. Mais les monstres étaient vifs, et ne semblaient pas prêts à s'avouer vaincus.

Le groupe d'Azuréens leur faisait face. Stoïques, tels des dieux flottants, tout droits sortis de contes de fées, les quatre immenses dragons-baleines bloquaient l'entrée du tunnel. Louison distingua la silhouette de Gwen Wallis, sa meilleure amie, perchée sur sa monture. Si, avec ses quatre-vingts kilos et ses cheveux bleus, elle passait rarement inaperçue dans les couloirs de Saint-Hydre, sur Orciel elle paraissait presque minuscule.

Malgré la présence des Azuréens, les Nemrogs ne ralentirent pas un instant. Guidés par celui qui paraissait être leur chef, ils se précipitèrent sur l'un des dragons et enfoncèrent leurs dards dans ses flancs exposés. Un râle de douleur retentit dans tout le parc alors que le dragon tombait vers le sol.

– Wallis ! Surtout, pas d'élan héroïque, dit Edmond.

– Mais je suis sûr qu'Orciel peut les arrêter, protesta-t-elle.

Alors qu'un deuxième groupe d'hommes-dragons se précipitait sur elle, elle ordonna à son Azuréen d'ouvrir grand la gueule.

– Nooon ! rugit Edmond. Wallis, pensez à votre dragon. Laissez-les filer !

Après une demi-seconde d'hésitation, elle demanda à son Azuréen de s'écarter. Elle laissa les Nemrogs s'engouffrer dans le tunnel à contrecœur. Plus rien ne les séparait du monde extérieur, à présent.

Louison plongea avec son Sylvérite.

– Tant pis, je les prends en chasse.

– Tu ne passeras jamais, c'est de la folie, cria Adjaf.

Un zeste de folie, un peu d'adresse et beaucoup de chance, voilà ce qu'il lui fallait.

– Nephryte ne pourra jamais franchir le tunnel. Ses ailes sont bien trop grandes ! s'écria Edmond.

– Dans ce cas, je passerai... sans ses ailes.

– Excellente idée, ma petite Belrêve.

Louison ne s'attendait pas à entendre cette voix et pourtant elle la reconnut immédiatement.

– Hercule ? Où êtes-vous ?

– De l'autre côté du tunnel. Si tu arrives à rabattre ces monstres sur moi, on a peut-être un espoir de sauver les œufs. C'est notre dernière chance. Plonge !

– OK. Je vais essayer.

– Non, on n'a plus le temps d'essayer. Tu vas réussir, petite.

Les Nemrogs, qui avaient déjà franchi la moitié de la galerie, filaient vers la sortie. Pour passer, Nephryte devait prendre une ultime impulsion au sol avant l'entrée, puis effectuer un gigantesque plongeon, tendu comme une balle de revolver. Il ne pourrait déplier ses ailes qu'une fois parvenu de l'autre côté du tunnel.

Louison ferma les yeux et cria :

– *Bass Wyn der. Dimshka dan !!*

Les mots aussitôt enregistrés par le casque d'électro-runes furent transmis au dragon sous la forme d'un signal cérébral. Nephryte replia ses ailes le long du corps, comme une fusée. Prenant appui sur les rails du train qui servait à conduire les touristes dans le parc, il s'élança en avant.

Il pénétra dans le tunnel à toute vitesse et rattrapa le dernier Nemrog.

Mais Adjaf avait raison. Il manquait de place. Et l'une de ses pattes heurta un néon, qui vola en morceaux. Déstabilisé, Nephryte faillit se retourner.

– *Dromva Kial*, hurla Louison en se protégeant le visage des éclats de verre qui explosaient tout autour d'elle tel un feu d'artifice.

Dans un ultime élan, Nephryte donna un coup de défense en avant et trancha les ailes du Nemrog.

Celui-ci vacilla, laissant échapper le dernier œuf de Volcaon en direction d'Hercule qui l'attendait. Furieux.

Celui-ci venait de manquer les précédents Nemrogs. Trop rapides, trop puissants. À peine était-il parvenu à tordre la cheville de l'un d'entre eux.

Cet œuf de Volcaon était sa dernière chance. De sauver Dragon Park. De sauver son honneur. D'éviter les reproches de sa mère.

Louison ne vit pas l'ancien catcheur, torse nu, prendre son élan depuis le quai d'embarquement comme s'il s'agissait d'une corde de ring. Elle ne le vit pas effectuer un *frog splash* parfait. Ni réaliser une sorte de salto avant pour saisir entre ses cuisses le dos du Nemrog passant au-dessus de lui. Elle ne le vit pas projeter l'homme-dragon au sol avec une puissance inouïe. Enfin, elle ne le vit pas s'élancer dans les airs et récupérer l'œuf intact.

Car, pendant qu'Hercule effectuait cette acrobatie, Nephryte retomba au sol en percutant lourdement le mur du couloir dans un fracas de pierre, de poussière, de verre et d'acier. La moitié du plafond s'effondra et Louison fut aussitôt ensevelie sous une montagne de gravats, une main serrée contre la dent de dragon accrochée autour de son cou.

Pendant que la nuée de Nemrogs s'enfuyait au-delà du tunnel, au-delà des docks d'embarquement, Hercule se précipita pour la tirer des décombres.

Il heurta du pied son casque qui s'était détaché, et remarqua que le verre de ses lunettes était fissuré.

À bout de bras, il souleva les blocs de pierre pour agripper la jeune dragonnaute.

– Tiens bon, Louison. Je vais te sortir de là.

Quand les secours parvinrent jusqu'à eux, la jeune fille gisait inconsciente dans les bras de l'ancien catcheur.

À côté d'eux, la puissante masse de poils caramel ne bougeait pas.

CHAPITRE 7

Nino ne reprit connaissance que le lendemain matin, au sixième étage de l'hôpital du parc, après une nuit de cauchemars emplis de flammes et de monstres ailés.

– Nino ? T'es réveillé ?

La voix d'Oscar lui parvint, lointaine, confuse. Il était bouillant et sentait des gouttes perler sur son front.

– Scary... Que... s'est-il passé ?

– Les Volcaons t'ont sauvé la vie. Ils se sont interposés entre toi et les Nemrogs. Mais tu as été piqué par un de ces monstres.

Avec peine, Nino palpa son omoplate et sentit un énorme ganglion. Il fronça les sourcils et laissa échapper un gémissement. Il l'avait à peine effleuré et pourtant la douleur avait irradié dans tout son corps.

– Doucement. Évite de toucher. Apparemment ta plaie était pleine de venin.

– Et... Brazeera ? Est-ce qu'elle est...

– Morte ? Non. Mais elle est dans un sale état. Les dracologues font ce qu'ils peuvent pour essayer de la tirer d'affaire. Mon père est avec eux. Elle est le dernier Volcaon encore vivant.

Dire que, quelques heures plus tôt, il était en train de nettoyer leur enclos. Et qu'à présent ils n'existaient plus. C'était irréel. Inconcevable. Une envie de vomir monta en lui et il referma les yeux. Aussitôt, les ombres des hommes-dragons se matérialisèrent sous ses paupières. Sa chambre d'hôpital céda la place à un décor apocalyptique. Il se trouvait au cœur d'un volcan. Et il répondait à un appel lugubre jaillissant des profondeurs de la terre.

Au plus profond de lui, un nom résonna sans qu'il en comprenne le sens.

Oméga.

Nino perdit à nouveau connaissance.

***

Sur l'échelle des pires journées de la vie d'Hercule Barnum, celle de la veille avait toutes les chances d'obtenir la note maximale. Pourtant ce n'était pas parce que Draklhord était de retour, ni parce que des Nemrogs venaient de voler les œufs de Brazeera, exterminant au passage tous les Volcaons. Non, le pire pour Hercule était d'avoir manqué à sa promesse faite à Anna Belrêve.

– Pars tranquille, lui avait-il dit. Tes petits sont en sécurité.

Si seulement il avait pu la prévenir. Mais comment ? Elle était injoignable, comme à son habitude. Partie au cœur de l'Islande, pour effectuer des recherches. À la disparition de Lucas, la généticienne avait poursuivi le travail de son mari et parcourait régulièrement le monde à la recherche de spécimens susceptibles de servir à la création de prochaines espèces.

Hercule s'arrêta devant la chambre d'hôpital où se trouvait Louison. Trois élèves se tenaient à l'extérieur. Parmi eux, il reconnut le jeune Felix ainsi que Gwen. Ils avaient l'air anxieux et épuisés. Surtout la fille aux cheveux bleus : Gwen Wallis. Son visage était fermé et son regard, perdu dans le vague.

– Désolé, m'sieur Barnum. Si Edmond Bonaparte ne m'en avait pas empêchée, je suis sûre que j'aurais pu les arrêter.

– Et Orciel serait sans doute mort à l'heure qu'il est. N'ayez aucun regret, jeune fille. Vous avez fait le bon choix.

Comment reprocher à un maître dragonnaute d'avoir voulu préserver une monture ? Qui était-il pour décréter que des œufs de Volcaon avaient plus de valeur que la vie d'un Azuréen ? Hercule se sentait terriblement responsable de ce qui était arrivé. Et s'estimait heureux qu'ils ne soient pas plus nombreux à avoir été blessés.

– Vous devriez rentrer vous reposer, les jeunes. Vous avez une mine épouvantable.

Il frappa deux coups secs contre la porte et tourna la poignée sans attendre de réponse.

La jeune dragonnaute dormait paisiblement dans le lit installé le long de la fenêtre. Des tubes transparents lui acheminaient de l'oxygène depuis un respirateur artificiel, et des fils conducteurs enregistraient son rythme cardiaque. Un paysage de petites montagnes bleues se dessinait sur l'écran du moniteur.

– Elle n'a toujours pas repris connaissance.

Hercule se retourna et vit Adjaf, enfoncé dans un fauteuil roulant orné de magnifiques ailes de dragon en métal. Il avait troqué sa combinaison de dragonnaute pour un jean déchiré au niveau des genoux et un t-shirt à l'effigie de son groupe de rock favori : les Hell's Hounds. Ses larges favoris descendaient le long de sa mâchoire rectangulaire.

– Je… je suis vraiment désolé. Je n'aurais pas dû demander aux dragonnautes de prendre autant de risques. Ils n'étaient pas préparés à cela.

– Tu connais Louison. Elle est aussi têtue que ses parents. Une fois qu'elle est sur Nephryte, rien ne peut l'arrêter.

Hercule attrapa un tabouret et prit la main de Louison.

– Tu comptes leur dire la vérité ? demanda le maître dragonnaute.

– Je ne sais pas si c'est une bonne idée.

– Ils vont forcément poser des questions. Et puis ils ont le droit de savoir. De connaître l'origine des Nemrogs.

– J'aurais préféré qu'Anna s'en charge.

– Mais elle n'est pas là. Crois-moi, il est temps qu'ils apprennent enfin la vérité sur Lucas.

– Papa ?

La voix de Louison était aussi fluette qu'un chuchotement, mais elle fit sursauter les deux hommes.

– Nom d'un varan ! s'écria Adjaf. Comment tu te sens ?

Elle resta quelques minutes à contempler le plafond, rassemblant ses esprits. Jusqu'à ce que les visages d'Hercule et Adjaf viennent se placer dans son champ de vision. Semblables à deux bonnes fées penchées sur son berceau. Elle esquissa un sourire qui lui fit atrocement mal.

– Doucement. Ne bouge pas. Tu as subi un sacré choc. Apparemment, tu as trois côtes cassées, plus quelques vertèbres tassées. On peut dire que tu as frôlé la catastrophe.

– Comment va Nino ?

– Il se repose dans la chambre à côté. Une piqûre de Nemrog l'a mis K-O, mais il devrait vite reprendre des forces.

Son petit frère s'était retrouvé face à ces monstres, et il avait survécu ? Louison avait du mal à se représenter la scène. Nino n'avait que douze ans. Et, même s'il prétendait souvent le contraire, il n'était encore qu'un petit garçon, bien plus fragile qu'il voulait le laisser paraître. Intérieurement, elle remercia le ciel de ne pas lui avoir pris un autre membre de sa famille.

– Et Nephryte ? articula-t-elle avec difficulté.

Sa gorge était sèche. Elle avait l'impression d'avoir mâchouillé un tas de cendres. Probablement l'effet des médicaments. Elle essaya de reconstituer le fil des évènements. La fuite des Nemrogs. Le plongeon dans le tunnel. Le choc.

– Ça va. Ne t'en fais pas, la rassura Adjaf. Nous avons dû le dégager du tunnel, ça n'a pas été facile. Il s'est blessé la patte, mais nos dracologues s'occupent de lui.

– En tout cas, sans ton courage, jamais je n'aurais pu sauver le dernier œuf de Volcaon, lui dit Hercule.

– Hercule... Adjaf... C'était quoi, ces trucs ?

Les deux hommes se dévisagèrent.

– Tu dois être fatiguée... Je ne sais pas si c'est le moment de te raconter cette histoire.

– Si. Je veux savoir. Maintenant. Je veux savoir ce qui a failli me tuer.

– Bien. Dans ce cas, nous allons devoir effectuer un petit voyage dans le temps, annonça Hercule.

Il laissa passer une seconde, comme un nageur qui s'apprête à s'élancer d'un plongeoir de dix mètres de haut.

– Je vais t'expliquer comment tout a commencé. Vois-tu, quand j'ai eu l'idée de ce parc, je voulais le remplir de dinosaures. Parfaitement, des dinosaures. Des vrais. Et je pensais avoir les moyens de le faire. J'ai recruté une brillante équipe de chercheurs, dont tes parents faisaient partie, et nous nous sommes lancés en quête d'ADN encore utilisable. Nous avons parcouru le monde : Égypte, Tanzanie, Texas, Mongolie, Belgique... Nous avons collecté tous les fossiles de dinosaures imaginables. Hélas, après des mois de recherche passés à les analyser, nous avons dû nous rendre à l'évidence. L'ADN ne pouvait pas survivre plus de six millions d'années. Et les dinosaures ayant été balayés de la surface de la terre il y a soixante-cinq millions d'années, nous n'avions plus aucune chance de leur redonner la vie. J'étais abattu. À ce moment-là, j'étais prêt à tout arrêter et j'envisageais même de construire un parc à thème rempli de robots en guise de dinosaures. Tu sais ce que m'a alors dit ton père ?

– De ne pas abandonner ?

– Presque, répondit-il en souriant. Il m'a dit : si on ne peut pas cloner les dinosaures, il ne nous reste plus qu'à les inventer. C'était la première fois qu'il m'exposait sa théorie de l'hybridation cellulaire.

– Les cybrides.

– Exactement. Les cybrides. Une technique permettant de mélanger plusieurs ADN en transférant le noyau cellulaire d'une espèce animale dans l'ovule d'une autre. Ton père avait découvert comment faire muter les caractéristiques de ces ADN et combiner plus de deux espèces à la fois. Notre premier essai fut un Varancéros très impressionnant. Malheureusement, son cœur n'était pas assez puissant pour irriguer correctement son cerveau et il mourut au bout de trois mois. Finalement, Lucas parvint à recréer un nouvel œuf à partir d'ADN multiples. Cette fois, il ne s'agissait plus d'assembler des espèces différentes, mais bien de créer une nouvelle créature dont tous les organes se développaient harmonieusement. C'est ainsi que naquit le premier Sylvérite. Au croisement du renard, de la chauve-souris, du sanglier et du caméléon.

– Volfurie, ne manqua pas d'ajouter Adjaf, même si Louison était au courant.

– Exact, Adjaf. Ton Sylvérite fut le premier dragon officiel du parc. Même si celui-ci ne fut ouvert au public que deux ans plus tard. Entre-temps, nous avons expérimenté toutes sortes d'espèces, les Azuréens, les Noctris... Il ne semblait pas y avoir de limite à notre capacité de développer de nouvelles créatures, toutes plus fantastiques les unes que les autres. Avec les Volcaons, ton père parvint finalement à recréer des dragons parfaits. Par quel miracle y est-il parvenu ? Je n'en ai toujours pas la moindre idée, mais le résultat était incontestable et ce fut ce jour-là que je décidai d'ouvrir Dragon Park. Cela n'alla pas sans difficultés bien sûr, car il fallait garantir la sécurité des visiteurs, tout en leur promettant un maximum d'amusement. Ce fut Adjaf qui me suggéra d'ouvrir l'académie Saint-Hydre : une école pour former des chevaucheurs de dragons, capables de domestiquer les cybrides et ainsi d'offrir des spectacles sans pareils. Bref, tout allait pour le mieux, jusqu'à ce que Lucas décide en secret de créer... un Nemrog.

Louison se tourna vers Adjaf. C'était le mot qu'elle l'avait entendu prononcer quand ils affrontaient ces créatures.

– Cette fois, il ne s'était pas contenté de mélanger des ADN d'animaux. Mais il avait bel et bien créé une nouvelle espèce à partir... d'ADN humain.

– Alors... ces trucs sont de véritables hommes-dragons.

– Oui, Louison. C'était de la folie, et nous aurions dû tout faire pour empêcher Lucas d'agir. Mais, quand il nous a présenté sa découverte, il était trop tard. Avec les dragons nous étions déjà allés très loin. *Trop* loin, me suis-je souvent répété. Mais Lucas n'était pas de cet avis. Ton père était obnubilé par sa soif de connaissances. Il était comme un mineur face à un énorme filon d'or, refusant de s'arrêter de creuser, tant que la dernière pépite n'était pas tombée. Je sais que tu es sa fille, et qu'il était mon ami, mais, je te le dis, en créant cette nouvelle espèce, il est allé *beaucoup* trop loin. Il est dangereux de se prendre pour Dieu. Et crois-moi, je sais de quoi je parle.

– Maman n'a pas essayé de le raisonner ?

– Non. Il faut dire qu'il avait travaillé sur ce projet en cachette. En marge du laboratoire. Quand il nous a présenté le premier embryon, nous nous sommes trouvés au pied du mur, et nous l'avons laissé faire, fascinés par sa réussite. Il était parvenu à combiner l'ADN d'un Volcaon avec celui d'un homme. Afin d'établir un pont entre les deux espèces, nous a-t-il expliqué. Au bout du compte, il avait juste trouvé la recette pour créer le diable en personne. Un être fascinant, au croisement des genres, entre l'homme et l'animal. Des animaux il avait hérité la puissance, l'agilité, l'instinct et un venin mortel. De l'homme, l'intelligence, l'ambition, le cynisme. Le mal... Votre père nomma ce premier spécimen Draklhord.

– Draklhord ? Je croyais qu'il s'agissait de Nemrog, ajouta Louison.

– Nemrog était le nom de l'espèce, Draklhord, celui de la créature. À l'origine, il ne s'agissait que d'une simple plaisanterie, basée sur les goûts de votre père pour la fantasy. Car si Drake signifie dragon en vieil anglais, alors Draklhord était bien le seigneur des dragons. Au final ce nom s'est révélé particulièrement approprié. Comme si ce patronyme lui était... prédestiné.

– Draklhord. C'est vrai que ça fait un peu cliché.

– Il est né le jour du solstice d'hiver. Le 21 décembre 2012. Jamais je n'avais vu un être grandir aussi vite. En seulement quelques mois, il était devenu plus intelligent que la plupart des adolescents. Ce n'est pas forcément un exploit, tu me diras. Même ta mère commença à s'attacher à lui. Elle et Lucas passaient leurs journées à tester ses connaissances, à lui enseigner de nouvelles choses, dans sa cellule cachée au cœur du laboratoire. Son existence devait être tenue secrète, tu comprends. Mais plus le temps passait, plus je me demandais ce que nous allions faire de lui.

Louison écouta avec angoisse la suite du récit, sans oser interrompre Hercule. Elle découvrait un passé de son père qu'elle n'avait jamais soupçonné. Et elle se sentait trahie. Ses parents avaient mené une double vie sous ses yeux, sans qu'elle s'en rende compte. Ils avaient élevé un troisième… enfant, sans qu'elle soit au courant. Elle qui avait toujours considéré son père comme le plus brillant des scientifiques réalisait qu'il s'était comporté comme une sorte de savant fou tiré des pires films de science-fiction.

Un cinglé. Un homme prêt à tout. Prêt à vendre son âme au diable.

Ou à le créer.

– Nous ne pouvions pas l'enfermer dans un enclos comme les autres dragons. Nous ne pouvions pas non plus le faire sortir et révéler son existence aux yeux du public. Imaginez un peu : une nouvelle espèce quasi humaine. Les autorités du monde entier s'en seraient mêlées. Elles nous auraient probablement forcés à fermer Dragon Park. Il n'avait déjà pas été simple de faire accepter l'idée des dragons. Mais des hommes-dragons ? Non, impossible. Pourtant, Draklhord n'avait pas été créé pour vivre comme un captif. Cette situation le rendait de plus en plus agressif. Et ton père voulait à tout prix éviter cela. Si bien qu'une nuit, quand tous les visiteurs eurent quitté l'île pour rejoindre les hôtels en bordure du parc, Lucas l'autorisa à sortir voler sous le rayonnement du dôme électromagnétique.

Louison frissonna en pensant que ce monstre avait probablement survolé Omnipolis, la ville où logeait le personnel du parc et où se trouvait sa maison.

– Je me souviendrai toujours de ce moment. Tous les dragons entrèrent dans un état de panique que je n'avais encore jamais vu. Ils grognaient, soufflaient, tandis que cet être plus noir que la nuit déployait ses longues ailes dans la lumière de la lune. Sa seule présence les tétanisait. Aidan Nexus m'a raconté que même ses Noctris, habituellement agités la nuit, n'osaient plus bouger.

– Et je me souviens que Volfurie a gémi toute la nuit, ajouta Adjaf.

En entendant le récit fait par le directeur, Louison devina la présence d'un secret.

– Hercule, mon père n'a pas été tué par un Noctris mais par Draklhord, n'est-ce pas ?

L'ancien catcheur échangea un regard gêné avec le maître dragonnaute.

– C'est un peu plus compliqué encore.

Que voulait-il dire ? Louison se sentait comme une nageuse au milieu de l'océan : elle voyait une énorme vague déferler vers elle en sachant qu'elle n'aura pas le temps de regagner le rivage. Elle s'en doutait depuis le début. Face à elle se profilait une révélation en forme de tsunami. L'histoire de Draklhord était forcément liée à la mort de son père. Que pouvait-il y avoir de plus compliqué ?

– Plus les jours passaient, plus ton père paraissait préoccupé. Draklhord devenait de plus en plus agressif et incontrôlable. Les autres dragons vivaient dans un état de tension permanente. À plusieurs reprises j'ai songé à aller le trouver pour mettre un terme à cette folie.

Hercule reprit son souffle un instant.

– Et, une nuit, Lucas ne rentra pas du laboratoire où il avait travaillé toute la journée. Ta mère décida de se rendre sur place pendant que vous dormiez, ton frère et toi. Elle découvrit avec stupeur la porte de la cellule de Draklhord grande ouverte. Les deux gardiens avaient été assommés. À leur réveil, aucun d'eux ne se rappelait ce qu'il leur était arrivé. Quant à Draklhord et Lucas, ils s'étaient volatilisés.

– Je ne comprends pas. Que s'est-il passé exactement ?

Hercule hésita un instant et jeta un regard inquiet à Adjaf. Il se décida à sortir de la poche de son veston une enveloppe qu'il tendit à Louison.

– Voilà ce que nous avons trouvé sur place. Un message d'adieu. Il… il vous était adressé, à toi et Nino.

Louison avait la nausée. On lui avait toujours raconté que son père avait été tué par un Noctris. Par accident. Que contenait donc cette lettre qui lui avait été cachée pendant quatre ans ? Quel mystère ? Quelle révélation pouvait justifier tant de mensonges ? Malgré elle sa main trembla quand elle saisit l'enveloppe déjà ouverte. En extirpant la feuille de papier, la première chose qu'elle reconnut fut l'écriture de son père. Les lettres fines et légèrement penchées. Elles lui rappelaient les courbes de son rythme cardiaque affichées sur la machine à côté d'elle.

Hello mes enfants,

En écrivant cette lettre, je réalise avec tristesse ce que je m'apprête à faire. Avec le coeur lourd je dois vous abandonner.
Draklhord ne peut plus vivre sur cette île et il est de mon devoir de le libérer. Et je sais qu'avec ce geste il n'y aura plus de retour possible pour moi.

N'oubliez jamais.

Votre mère est là, elle veille sur vous.

Adieu, votre père qui vous aime,

Lucas

– Vous appelez ça un message d'adieu ?

À peine quelques mots couchés à la va-vite sur un bout de papier. Un message froid et expéditif. Voilà tout ce dont avait été capable son père, alors qu'il s'apprêtait à les abandonner sur Dragon Park pour permettre à une abomination d'exister ! Pour sauver la vie à ce Draklhord ! Elle ne pouvait le croire. Le chagrin l'envahit et elle tenta de le contenir dans le corset qui enserrait son corps meurtri.

– Alors il n'a pas été tué ? Il a simplement pris la fuite. Comme un lâche.

– Draklhord avait une très forte personnalité. Il aura réussi à le convaincre, ou à le menacer. Lucas se sentait responsable de lui. Un peu comme un père.

– Un père ?! Un père ?! Un père reste auprès de ses enfants. Il ne les abandonne pas ! Ce Draklhord n'est pas humain ! Il n'a pas de père. Papa l'a juste créé. C'était un scientifique.

Louison se sentait hors d'elle. Incapable de supporter cette idée. Son père qu'elle avait tant chéri avait eu en secret un troisième enfant monstrueux. Et s'était enfui avec lui.

– Vous n'avez pas tenté de les retrouver ?

– Si, bien sûr. Mais ce fut peine perdue. C'était comme s'ils s'étaient évaporés. Nous n'avons plus jamais entendu parler d'eux, et au fil des ans je me suis convaincu qu'ils avaient disparu pour de bon.

– Comment a-t-il pu nous faire ça ?

– J'avoue ne pas avoir d'explication. Ta mère non plus d'ailleurs, c'est pour cette raison qu'elle ne souhaitait pas vous en parler. Elle voulait préserver l'image de Lucas. En attendant de comprendre.

Malgré la fatigue, une vague de ressentiment monta en Louison.

– Elle a eu tort. Elle aurait dû nous dire que notre père était un traître et un lâche, prêt à abandonner sa propre famille. Vous nous avez menti tout ce temps ! Vous, maman, tout le monde ! Même toi, Adjaf !

– Sans doute, confessa le maître dragonnaute. Vous étiez si jeunes quand c'est arrivé. On était tous sous le choc.

Un silence pesant flotta dans la chambre d'hôpital. Hercule Barnum ne parlait plus. Les bras croisés sur la poitrine, il semblait délivré d'un poids. Comme s'il venait enfin de soulager sa conscience.

– Je te laisse la lettre de ton père. Je pense que tu préféreras annoncer la vérité toi-même à Nino. Il vaut mieux qu'il l'apprenne de ta bouche.

– Pourquoi ? Vous avez peur de lui avouer que vous nous mentez depuis quatre ans ? Pour un ancien champion du monde de catch, je ne vous trouve pas très courageux.

Une haine incontrôlable monta en Louison. Elle en voulait à la terre entière. Qu'avait-elle fait pour mériter cela ? Pour se faire abandonner de la sorte ? Comment Lucas avait-il pu concevoir un monstre aussi diabolique que Draklhord ? Qu'est-ce qui avait bien pu le pousser à aller aussi loin ? À sacrifier toute sa vie, et celle de sa famille pour cette créature ?

– Vous pensez que mon père a un rapport avec l'attaque d'hier ?

– Je n'en sais rien.

– Qui d'autre que lui aurait pu créer des dizaines de Nemrogs ?

Hercule se lissa la moustache.

– Je l'ignore.

CHAPITRE 8

Trois jours plus tard, Doug passa chercher Nino pour le ramener chez lui. Les Peticare vivaient au 15 rue du Serpent, dans une maison à deux étages, au cœur d'Omnipolis. Quand sa mère était en déplacement, Nino partageait la chambre d'Oscar en attendant d'intégrer l'internat de Saint-Hydre.

D'après les médecins sa blessure n'avait pas cicatrisé mais ne présentait plus aucune trace d'infection. Même si une démangeaison persistait tout autour de son épaule, il ne s'en inquiétait pas.

Dans le train qui traversait le parc, il repensa à sa sœur, seule dans sa chambre d'hôpital. Et à la conversation qu'ils avaient eue le lendemain de l'attaque, quand elle lui avait fait part des révélations d'Hercule.

C'était étrange comme la trahison de leur père les avait rapprochés tout à coup. Dans la poche de son jean, il sentait l'enveloppe à moitié froissée contenant la lettre d'adieu. Louison avait refusé de la garder. Mais il savait qu'elle ne souhaitait pas la jeter pour autant. Quand, la voix tordue par les sanglots, elle lui avait raconté la vérité sur Draklhord et leur père, il s'était trouvé pour la première fois obligé de la consoler.

Il avait réalisé qu'à la disparition de leur père elle avait été propulsée du jour au lendemain dans le monde des adultes. Forcée de jouer les mères de substitution auprès de son frère. Et il culpabilisait de s'être montré aussi dur avec elle.

Contrairement à elle, il n'en voulait pas vraiment à son père. Et la perspective que ce dernier soit encore en vie, et non pas tué par un Noctris, lui donnait même de l'espoir. C'était absurde. Quel espoir pouvait-il y avoir si son père avait contribué à l'attaque de Dragon Park ? Si son père était prêt à soutenir un monstre tel que Draklhord ?

– Et alors, tu rêvasses ?

– Oui.

Il ignorait si Doug connaissait la vérité sur son père, et de toute façon il n'avait aucune envie d'aborder le sujet avec lui.

– Elle rentre quand, maman ? Pourquoi je ne peux pas l'appeler ?

– Tu sais bien pourquoi. Ses recherches la mènent dans des lieux extrêmement reculés. À l'heure qu'il est, elle doit être quelque part au beau milieu des eaux islandaises, à étudier des poissons des glaces, pour réfléchir à une nouvelle espèce de dragons.

– Pfft, elle n'est jamais là quand on a besoin d'elle.

– Tu connais ta mère. C'est une scientifique jusqu'au bout des ongles. En plus, je suis sûr qu'elle ignore que le parc s'est fait attaquer.

– Ah, nous voilà arrivés.

Pour fêter son retour, Martha, la mère d'Oscar, lui avait concocté son plat préféré. Des tacos au poulet cajun, marinés dans une sauce barbecue et fourrés à ras bord de gruyère dégoulinant. Martha travaillait en tant que chef cuisinier à La Fournaise, l'un des meilleurs restaurants du parc, pour le plus grand bonheur de sa famille et de Nino. Comme tous les Peticare, elle était toujours pleine de délicates attentions et faisait de son mieux pour que Nino se sente chez lui.

Pourtant, pendant le repas, Nino réalisa que les choses avaient changé. L'attaque des Nemrogs avait bouleversé tout le monde, à commencer par Oscar. Celui-ci n'avait presque rien dit du repas.

Tu es bien silencieux, mon réglisse…

– Je t'ai déjà dit de pas m'appeler comme ça, m'man.

– Mais qu'est-ce que t'es grognon ! Tu n'es pas content que Nino soit avec nous ?

– Si, si…

– Tu es fatigué ? Tu nous couves quelque chose ?

– Mais non, je vais bien. Écoutez, en fait… je ne sais pas trop comment vous dire ça… J'aimerais quitter Dragon Park.

– Je comprends. On a tous besoin de prendre un peu l'air. Ça te dirait qu'on parte en vacances à Londres ? Nino, évidemment, tu es invité.

– Je ne parle pas de vacances. Je veux quitter le parc définitivement. Tout ça, les dragons, les monstres ailés, c'est trop pour moi. Vous réalisez que nous aurions pu tous mourir dans le Volcan de Cristal ?!

– Mais ce sont justement les Volcaons qui nous ont sauvé la vie, intervint Doug. Les dragons sont comme les hommes : il y en a des bons et des mauvais. Et puis tu verras, dès que tu auras fait ta rentrée à Saint-Hydre, tu apprendras à les domestiquer et ils te feront moins peur. Pas vrai, Nino ?

– Je suis vraiment crevé. Ça vous embête si je vais me coucher ?

Sans attendre de réponse, il se leva et gagna sa chambre. Deux heures plus tard, les pensées continuaient de s'entrechoquer dans son esprit, l'empêchant de trouver le sommeil malgré sa fatigue. Nino repensa à Doug et Martha. Étaient-ils au courant pendant toutes ces années ? Pour son père. Pour Draklhord. Lui avaient-ils caché la vérité ?

Oscar dormait dans le lit en dessous. La respiration lourde, il gigotait dans tous les sens. Le pauvre, les évènements l'avaient véritablement terrifié. Il devait être en train de faire un cauchemar dans lequel il se faisait piétiner par des Volcaons ou pourchasser par des Nemrogs. Nino se demandait s'il n'avait pas raison de vouloir quitter le parc. À bien y réfléchir, cet endroit respirait la folie. Les enfants n'y avaient sans doute pas leur place.

Après avoir passé de longues minutes à rêvasser tout en cherchant le sommeil, il décida qu'un verre de jus de fraise-banane lui ferait du bien. Il se releva et descendit dans la cuisine des Peticare. La pièce arrondie, au centre de laquelle trônait un comptoir de bar, était plongée dans l'obscurité. Un parfum boisé flottait dans l'air, évoquant un chalet de montagne. Il ouvrit le frigo et saisit la brique en carton. Alors qu'il remplissait son verre d'un liquide rouge et épais comme du sang de Volcaon, il ressentit un picotement dans l'épaule. Comme si des milliers de grains de sable s'y agitaient en tous sens.

Il eut beau remuer le bras, faire de grands moulinets avec son épaule, le fourmillement persistait. Il se rendit dans la salle de bains, et, face au double miroir ovale devant lequel il se brossait les dents tous les matins, il ôta son t-shirt. Il défit ensuite son bandage et se contorsionna pour inspecter sa plaie. Ce qu'il vit le laissa bouche bée.

Une large tache sombre lui ornait le dos comme un tatouage de yakuza. Une tache formée de petits motifs symétriques qui se chevauchaient. Pourtant, après avoir parcouru sa peau du bout des doigts, il dut se rendre à l'évidence : il ne s'agissait pas d'un tatouage. Tout autour de la piqûre du Nemrog des écailles noires venaient d'apparaître… Telle une cotte de mailles sombre et légèrement boursouflée. Une angoisse le saisit et il se passa un peu d'eau sur le visage pour reprendre ses esprits. Quand il se releva, son visage s'était curieusement obscurci. Des écailles montaient à présent de son torse et recouvraient son cou tout entier. Son cœur battait la chamade. Sa tête se mit à tourner. Il se sentait perdre pied et se cramponna à la vasque de la salle de bains. Soudain, une douleur éclata dans ses épaules, et deux formes se dressèrent dans son dos, telles des branches calcinées. Noueuses et rachitiques. Surprenantes. Terrifiantes.

Des ailes.

Des ailes venaient de lui pousser.

Il perdit l'équilibre, déstabilisé par ce poids inattendu dans son dos.

Il voulut hurler de peur, mais sa bouche s'y refusait. Des crocs démesurés entravaient à présent sa mâchoire. Sa peau le démangeait de toutes parts. Comme s'il avait été plongé dans un bain de goudron. Que lui arrivait-il ? Il observa son reflet dans le miroir. Dans ses orbites, deux petits yeux jaunes le fixaient. Deux yeux qui n'avaient à rien à voir avec ceux d'un garçon de douze ans.

Un regard de bête sauvage. D'homme-dragon.

Tout à coup, une voix caverneuse résonna dans sa tête. Comme si son propre reflet lui adressait la parole.

Je Suis
Oméga.

Nino bondit en arrière et se réveilla. Sa respiration haletante emplit l'air de la chambre. Comme tout le monde, il lui arrivait de temps à autre de faire des cauchemars, mais ce qu'il venait de vivre était différent. Presque réel. Et particulièrement effrayant. Il se redressa contre son oreiller et passa une main dans son dos. Juste pour vérifier. *Ouf. Pas d'ailes*. Son bandage était intact.

Au-dessous, Oscar dormait toujours d'un sommeil agité. Il marmonnait quelque chose comme « Non, pas le Volcaon ».

Du bout du doigt, Nino souleva délicatement la bande de gaze qui lui recouvrait l'épaule. Quand il effleura sa blessure, il tressaillit. Non pas parce que sa chair était encore à vif, mais parce qu'une pellicule dure comme du muscle et légèrement râpeuse recouvrait à présent sa peau, juste au-dessous de l'épaule. Comme dans son rêve...

***

Le lendemain matin, son épaule le démangeait toujours, et un bourdonnement désagréable lui vrillait les tempes. Oscar avait dû oublier d'éteindre son radio-réveil. Mais, voyant le boîtier noir éteint et son ami encore endormi, il réalisa que le grésillement provenait de ses propres oreilles. Probablement le contrecoup de son accident. Les explosions du Volcan de Cristal lui avaient peut-être déclenché des acouphènes... Il devait faire attention. Il avait lu que les acouphènes pouvaient rendre fou s'ils devenaient persistants.

Il n'en était pas là. Mais ce grésillement l'empêcha tout de même de se rendormir. Il se glissa hors de son lit en gémissant. Il ne savait pas quoi faire.

Devait-il faire examiner son épaule par les parents d'Oscar ? À tous les coups, ils allaient se mettre à paniquer. En parler à Oscar ? Et lui donner une raison supplémentaire de quitter Dragon Park ? Certainement pas.

Bon. Calme-toi, Nino. Réfléchis. Tu dois examiner cela au calme.

Pour cela, le meilleur moyen était de s'enfermer dans la salle de bains. S'il existait un endroit où les adultes vous laissaient tranquille à douze ans, c'était bien là.

Il prit un verre d'eau et y glissa un cachet d'aspirine. Puis il s'assit sur le rebord de la baignoire et attendit quelques minutes, les doigts de pieds enfoncés dans le tapis de bain rose, que le sifflement disparaisse.

Quand celui-ci s'estompa, Nino se releva et ôta son t-shirt orné d'un dragon somnolant sur un tas d'os, avec la mention *Qui dort dîne* inscrite en lettres de feu. Équipé du miroir de poche de Martha, il tordit la tête par-dessus son épaule afin de scruter l'évolution de son épiderme. Dans le reflet, il s'aperçut avec horreur que les anfractuosités de sa peau s'étaient étendues. Sur son omoplate, les petits losanges sombres dessinaient une sorte de fleur, mystérieuse et plutôt jolie à vrai dire. Si elle n'avait pas été en relief.

Tout en serrant les dents, il pinça l'une des excroissances qui lui parsemaient le dos, et réalisa qu'il s'agissait bel et bien… d'écailles.

Non, non, non. Ce n'était pas possible. Les écailles ne poussaient pas sur le dos des garçons. Il devait s'agir d'une infection. Voire, pire, d'une gangrène. Mais, curieusement, il ne ressentait aucune douleur. Juste une étrange et persistante démangeaison. Il devait faire quelque chose. Si l'infection s'étendait…

Des images de son cauchemar lui revinrent en mémoire. Y avait-il un lien ? Allait-il se transformer ? Des ailes allaient-elles lui pousser dans le dos ? Deviendrait-il un de ces monstres ?

Non. Il refusait cette éventualité. Il n'allait pas se laisser couvrir d'une peau de serpent immonde. Il pinça une de ces écailles du bout des doigts, inspira un grand coup de manière décidée et tira dessus comme s'il ne s'agissait que d'une vulgaire croûte.

La douleur manqua de le faire hurler. Elle irradia jusque dans son cou. Aussi brutale que s'il avait tenté de s'arracher un ongle. Il n'y avait pas de doute, ce qu'il tenait entre son pouce et son index faisait bel et bien partie de lui. Et on ne s'arrachait pas un bout de soi si facilement. Surtout quand il s'agissait de l'héritage d'un dragon. Tout à coup la poignée de la porte s'abaissa. Nino avait beau l'avoir verrouillée, un vent de panique monta en lui et il enfila aussitôt son t-shirt afin de masquer son épaule.

– C'est occupé, bredouilla-t-il.

– Nino ? C'est toi ? demanda Doug.

– Oui, oui. Je… euh… Je me prépare.

– Parfait. Dépêche-toi, je vais réveiller Oscar et après on file tous au laboratoire.

– Pourquoi ? Il se passe quelque chose ?

– Oui. Un miracle.

CHAPITRE 9

Nino et les Peticare montèrent dans une capsule de l'Ouroboros couverte d'écailles translucides. Cet étrange train glissait de manière circulaire à travers le parc tel un serpent se mordant la queue, tandis que ses wagons, indépendants, se détachaient et se rattachaient à volonté à sa matrice. Vu du ciel, l'ensemble évoquait un soleil qui dardait ses rayons aux quatre coins du parc.

Doug sélectionna la station d'arrivée sur l'écran tactile. Aussitôt leur wagon se mit en mouvement et alla se greffer au reste du train. Quand ils passèrent au niveau des rails à destination du laboratoire, leur voiture se détacha à nouveau pour les y conduire.

Le laboratoire, installé dans l'aile ouest du parc, avait l'apparence d'un vaisseau spatial modulable.

D'un blanc immaculé, les bâtiments semblaient imbriqués les uns dans les autres et s'étiraient sur plusieurs étages. En son centre, un puits immense permettait d'acheminer n'importe quel dragon. Même les plus majestueux.

Accompagné de Doug, Martha et Oscar, Nino entra dans le bâtiment, qui débordait d'activité.

Le lieu avait rarement été aussi agité et bruyant : le hall voûté résonnait des grondements de dragons en train de se faire soigner. Dans les enclos fermés par d'imposantes barrières électromagnétiques, des dizaines de dracologues, généticiens et soigneurs en tous genres s'activaient. Ils poussaient des chariots qui transportaient des bandages gros comme des rouleaux d'essuie-tout, des fioles pleines de liquide verdâtre et orangé, et des seringues plus grosses que des lance-roquettes.

Les dragons de cette zone avaient été blessés par les Nemrogs et ils étaient plutôt mal en point. Nino crut remarquer sur leurs corps d'inquiétantes taches noires qui n'étaient pas sans rappeler les écailles sur son épaule.

Il frissonna. Allait-il lui aussi se retrouver parmi eux ? Enfermé dans un enclos ?

– Tu rêvasses encore, Nino ? Viens, je pense que ça va te plaire.

À côté de lui, Oscar traînait les pieds. Il avait l'air nettement moins convaincu que son père.

Ils débouchèrent devant l'enclos central, une sorte de prison octogonale aux parois électromagnétiques rayonnantes. Nino distingua à travers les faisceaux une forme gigantesque.

– C'est... Brazeera ?

– Oui.

Incroyable, pensa Nino. Ce corps meurtri et parsemé de plaques noires n'avait plus rien en commun avec la magnificence de la reine Volcaon. Elle avait été hissée sur un brancard démesuré, à l'aide d'énormes poulies accrochées au plafond. Des chaînes la retenaient prisonnière, l'empêchant de se débattre, de blesser les dracologues qui s'occupaient d'elle. Ainsi suspendue au centre de cette pièce, elle avait l'apparence d'une déesse déchue. D'un monstre venu de l'espace... ou plutôt tombé des enfers.

– Ce sont les Nemrogs qui lui ont fait ça ?

– Oui. D'après nos analyses, leurs dards contenaient une toxine extrêmement puissante. Nous essayons de contenir l'infection, mais elle semble continuer de se propager. Tu as eu de la chance, Nino. Tu aurais pu avoir de plus graves séquelles...

Le garçon sentit son sang se glacer. Devait-il lui dire la vérité ? Lui avouer que son dos était également couvert d'abominables plaques noires ?

– Euh… J'suis super résistant, tu sais. Et puis je n'ai été piqué que par un seul Nemrog. Pas par des dizaines, comme Brazeera…

Il avait décidé qu'il valait mieux garder ses secrets pour lui. Il n'avait aucune envie d'être considéré comme un monstre. L'infection finirait sûrement par se résorber.

– En tout cas, si vous vouliez me traumatiser encore plus, c'est réussi. Je crois que j'vais vomir tout mon petit déj', dit Oscar.

– Allez, courage, mon réglisse. Ce que tu vas voir devrait te réconcilier avec le parc.

Sur ces mots, ils franchirent une porte dont les battants métalliques se rétractèrent, et pénétrèrent dans une sorte de vivarium géant.

En son centre, un groupe de dracologues en tenue ignifugée étaient rassemblés religieusement autour du dernier œuf de Volcaon sur le point d'éclore, tels des rois mages venus témoigner de l'arrivée d'un miracle…

– Vous arrivez juste à temps, lança l'un d'eux en direction de Doug.

– Quelle est la température ?

– On avoisine les 327 °C en surface. Je n'ose même pas imaginer combien il fait là-dedans.

Soudain, une petite fente en forme d'éclair se dessina à la surface de la coquille ardente.

– Quelqu'un a prévenu Hercule ? demanda Martha.

– Évidemment, répondit la voix puissante de ce dernier.

Il venait de faire son entrée aux côtés de sa mère et rejoignit le groupe massé autour de l'œuf.

– N'oubliez pas que j'ai failli me rompre le cou pour l'empêcher de finir en omelette. Et que je me suis cramé les avant-bras au passage.

– Hé, fit Martha, une omelette de Volcaon, je pourrais tenter ça comme prochain plat du jour.

Soudain, la coquille s'effrita de l'intérieur, déchirée par une patte timide et crochue. Tous retinrent leur souffle en apercevant les minuscules griffes translucides s'agiter. Après quelques secondes, une tête ovale et orangée, couverte de pics et d'écailles, apparut. Nino sentit l'excitation monter en lui. C'était la chose la plus mignonne qu'il ait jamais vue.

– Brrrr, couina la petite créature.

– Hé, hé, salut, toi ! s'écria Nino.

Des larmes de bonheur mouillèrent ses yeux. Il repensa à tous les Volcaons morts pour le protéger. Grâce à Brazeera, à Hercule et à sa sœur, la lignée des Volcaons ne s'éteindrait pas de sitôt. Ils étaient encore deux. Deux membres d'une même famille. Une mère et son fils. Le cycle de la vie avait repris son cours.

Le bébé dragon s'extirpa à l'extérieur de la coquille en prenant appui sur ses pattes massives. Un liquide orangé ruisselait le long de son corps. Dans son dos, une paire d'ailes molles pendouillait comme un drap essoré par une machine à laver. Malgré sa ressemblance avec les autres Volcaons, sa taille réduite et ses traits moins rugueux le rendaient attendrissant. Son museau innocent paraissait presque malicieux et rieur.

Le petit Volcaon roula sur le côté, tentant de se stabiliser malgré le poids de ses ailes qui l'entraînait vers l'arrière. Alors, il gonfla les muscles de ses épaules et, d'un coup, réussit à les décoller. Il les agita autour de lui un instant puis tendit le cou en direction de son public.

– Le pauvre, on dirait qu'il cherche sa mère, dit Nino. Ne t'en fais pas mon petit, elle est à côté.

– Il est brûlant, déclara l'un des dracologues. Regardez, Doug, c'est bien ce que nous pensions. Son œuf était empli d'une sorte de lave.

– Alors ? Je ne vous avais pas dit que ça vous plairait ? fit Doug en adressant un clin d'œil aux garçons.

C'était dingue. Nino fut frappé par la beauté de ce moment. La naissance de ce dragon, le premier petit de son espèce. Il n'était pas une bizarrerie de laboratoire, une abomination génétique, mais un être à part entière. Un animal. Le premier « vrai » dragon au monde. Il comprit que c'était pour parvenir à ce moment précis que son père avait travaillé et qu'il avait couru tant de risques. La naissance de ce minuscule dragon lui avait fait oublier un instant l'existence de Draklhord et des Nemrogs. Le revers de la médaille.

– Faudrait songer à lui donner un nom, fit Hercule en posant la main sur l'épaule de Nino.

– Ce n'est pas le rôle du généticien en chef de les baptiser ? demanda Nino.

– Étant donné qu'Anna préfère s'aventurer en Islande plutôt que d'assister à la naissance de nos dragons, je laisse le privilège à son fils.

– Hum, voyons... Que pensez-vous de Flambeur ?

– Tu rigoles ? dit Oscar. C'est un nom pour joueur de casino, pas pour un dragon.

– Dans ce cas, on pourrait l'appeler Grilleflamme ?

– Pourquoi pas Grillepain, tant que t'y es ? Ou Barbecue ?

– Bon, on va essayer de t'aider, proposa Hercule. Maman, tu as une idée ?

– Si on l'appelait Inferno ? Comme ton adversaire lors du tournoi de Las Vegas ?

– Tu trouves vraiment qu'il a une tête de catcheur ?

Les suggestions fusèrent de toutes parts. Mais aucun nom ne semblait correspondre à cette créature si exceptionnelle. À la fois douce et susceptible de devenir un dragon terriblement puissant. Cet être qui avait franchi tous les obstacles de la génétique pour se frayer une place dans notre monde.

– Et que dites-vous de… Flaméon ? proposa Oscar.

Tous se regardèrent.

– Flaméon ? Ouais, c'est cool, fit Nino. Flaméon… J'adore ! Ça claque. Bien joué, Scary.

– Flaméon ! J'approuve totalement, s'exclama Hercule. Je n'aurais pas trouvé mieux.

– D'ailleurs tu n'as pas trouvé mieux, ajouta Betty Barnum.

– Mes chers amis, vous venez d'assister à un moment historique pour notre parc, déclara le directeur. Les dragons viennent officiellement de passer du statut de manipulations génétiques à celui d'animaux à part entière. Ce petit dragon appartient maintenant au règne animal, au même titre que les tigres blancs, eux aussi nés de mutations.

Tous restèrent silencieux, réfléchissant aux paroles d'Hercule. Quelle serait donc la prochaine étape ? se demanda Nino. Des dragons en liberté, partageant la terre avec les hommes ? Si ce rêve lui avait un instant semblé possible, il en était nettement moins convaincu depuis l'attaque des Nemrogs.

– Bienvenue, Flaméon, salua Doug en s'agenouillant devant le dragon.

Le Volcaon tourna la tête en direction des visiteurs et ouvrit la gueule pour émettre un cri proche du couinement. Il déploya ses longues ailes mais bascula à nouveau en arrière, déstabilisé par leur poids.

– Mon pauvre petit, tu aurais besoin de ta mère pour t'apprendre à voler.

Nino ne put s'empêcher de penser à la sienne. Finalement, il comprenait pourquoi il se sentait si proche de Flaméon. Aucun d'eux n'avait de père. Et leur mère était incapable de s'occuper d'eux.

– Ravi de te rencontrer, Flaméon. Moi, c'est Oscar. C'est moi qui ai trouvé ton nom. Et lui, c'est mon copain Nino.

Le petit dragon fixa ses grands yeux noirs sur les deux garçons.

– Vous avez vu comme il nous regarde ? Ça y est, on est trop potes. On peut le caresser ?

– Il faut attendre que sa température extérieure retombe. Pour le moment vous vous brûleriez les mains, fit remarquer Doug. Et puis, mieux vaut le laisser tranquille. Nous allons le garder en observation quelque temps. Pour voir s'il se développe correctement.

– Hum, OK. Mais on pourra venir le voir plus tard ?

– Bien sûr.

Les dracologues attrapèrent délicatement la petite créature et l'emmenèrent avec eux dans une pièce adjacente au vivarium.

Nino et les autres sortirent et passèrent devant l'enclos de la reine Volcaon.

– Ça y est, Brazeera. Te voilà maman d'un petit Flaméon.

Étrangement, comme si elle avait saisi ses paroles, la reine tourna la tête et ouvrit son œil gigantesque.

Nino sentit alors un picotement lui remonter l'épaule tandis qu'un étrange mal de tête enserrait ses tempes. Comme si un essaim de guêpes invisibles s'était glissé dans son crâne. La douleur gonfla, violente comme une bourrasque, et remonta depuis l'épaule jusqu'à l'arrière de la tête.

Soudain, une voix le transperça, jaillie de nulle part.

Je suis
Oméga.

CHAPITRE 10

Nino poussa un cri et faillit perdre l'équilibre.

– Waouh. Ça va ? Qu'est-ce qui t'arrive ? demanda Oscar.

– Euh, rien... rien. Juste un mal de tête.

Pourtant il ne s'agissait pas d'une simple migraine. Il venait bel et bien d'entendre une voix dans sa tête.

Ça y est, je deviens barge. Ou alors je fais une rupture d'anévrisme… ou une méningite. Mais, si c'était le cas, il n'y avait pas de raison qu'il entende des voix. Et le comportement de Brazeera indiquait clairement qu'il se passait quelque chose. Elle s'était redressée d'un coup. Des spasmes déformaient son long cou garni de pics tachetés. Une inquiétante fumée s'échappait de ses naseaux.

– Mince, qu'est-ce qui lui prend ? demanda Martha.

Aussitôt, un groupe de dracologues accourut pour l'examiner. D'après eux, son pouls était anormalement rapide et son activité cérébrale était en effervescence.

Oméga *Entendre*
Appel.

Nino sentit à nouveau une voix gronder en lui. Il n'avait aucun doute. C'était bien celle de Brazeera.

Et elle venait de prononcer pour la deuxième fois cet étrange nom. « Oméga. » Le même nom que dans son rêve.

Que signifiait tout cela ?

Il eut envie de se pincer pour s'assurer qu'il était éveillé, tout en sachant que c'était inutile. Il avait bel et bien entendu ces mots lui éclater dans le cerveau, comme si on les lui avait hurlés de l'intérieur.

– Son rythme cardiaque augmente à une vitesse folle. Elle va faire un infarctus si ça continue.

– Faites quelque chose, rugit Hercule. Allez chercher Doug !

Les veines de la Volcaon, gorgées d'un liquide noirâtre, se tordaient comme des tuyaux d'arrosage trop pleins. Ses écailles virèrent du mordoré au noir, ce qui rappela à Nino son étrange rêve et sa transformation en Nemrog.

Son épaule infectée le faisait de plus en plus souffrir.

– On devrait y aller, suggéra Oscar. Ça devient un peu dangereux, tu ne crois pas ?

Oméga

Perdu.

Bon sang, mais que lui arrivait-il ? Souffrait-il d'hallucination auditive ? Était-il en train de devenir schizophrène ? Il ne pouvait pas entendre un dragon lui parler par télépathie, c'était tout bonnement impossible. Il n'était ni dans un film fantastique, ni dans *Final Quest*...

La porte du vivarium s'ouvrit, et Doug apparut. Il tenait dans la main une sorte de pistolet mitrailleur empli d'un sérum vert.

– Elle fait une surinfection. Il lui faut une nouvelle injection d'immunoglobuline !

– Doug, tu as vu dans quel état elle est ? C'est beaucoup trop dangereux, cria Martha, apeurée.

– C'est ça ou la laisser mourir. Ne t'en fais pas, elle est enchaînée. Tout sera fini en deux secondes.

Accompagné de deux dracologues, il pénétra dans l'enclos, hors de portée des pattes de la prisonnière enragée. Il visa calmement avec son pistolet et pressa la détente. D'un coup sec, une aiguille s'enfonça dans la peau sombre, entre deux écailles.

Sous le choc, le dragon écarquilla ses yeux injectés de sang. Il laissa échapper un cri strident accompagné d'une gerbe de flammes, qui moururent contre le plafond de l'enclos. Heureusement, les épaisses chaînes entravaient ses mouvements, sinon Doug aurait fini écrabouillé.

– C'est fait ! cria-t-il. Sortons de là.

Mais, au moment où les dracologues regagnaient la sortie, les spasmes de Brazeera redoublèrent de violence. Ses dents se mirent à pousser à vue d'œil, au point de traverser sa peau. Ses écailles s'élargirent et se durcirent, jusqu'à se changer en pics noirs comme de l'onyx.

Dans un accès de fureur, elle parvint à arracher du mur l'une des chaînes qui enserraient son cou. Elle projeta un nuage de pierres et de poussière sur les dracologues, qui bondirent à terre.

Devant l'enclos, Nino et Oscar assistaient à la scène, impuissants. Ils virent la gueule béante de la Volcaon s'ouvrir. Des dents plus impressionnantes que jamais en dépassaient, telles des ronces jaillies du sol. Nino comprit alors que Brazeera n'était pas seulement infectée.

Elle était en pleine mutation.

– Maman ! Faut faire quelque chose pour l'arrêter ! cria Oscar. On ne peut pas utiliser le Dramvaden ?!

– Hélas, non. Le Dramvaden ne marche que sur les dragons ayant un capteur d'électro-runes.

Mince, pensa Nino. Martha avait raison. Cette formule ne fonctionnait pas avec les Volcaons. Quel dommage : le Dramvaden restait l'arme la plus efficace contre les dragons. Cette formule en draconien, que sa mère avait créée, envoyait un signal de douleur dans tout le corps des créatures et permettait de garantir la sécurité des visiteurs du parc en toutes circonstances.

Brazeera continua de rugir et lâcha une nouvelle gerbe enflammée qui frôla les dracologues.

Oméga *Haïr*

Humains.

Par-dessus les cris qui résonnaient autour de l'enclos, Nino percevait les pensées du dragon emplies de fureur et de folie. Elles se faisaient de plus en plus distinctes et lui brûlaient littéralement le cerveau.

Une deuxième chaîne vola en éclats. La gueule de la reine Volcaon se trouvait à présent à moins de trois mètres du père d'Oscar. Elle allait le tuer.

Et, face à cette éventualité terrifiante, Nino tenta une chose complètement insensée.

La distraire.

En entrant en contact avec elle par télépathie.

Il sentait qu'il pouvait y arriver. Après tout, s'il captait ses pensées, pourquoi ne pourrait-il pas lui envoyer les siennes ?

Il inspira un grand coup et se concentra.

À part quelques vaines tentatives pour convaincre ses professeurs de maths de ne pas l'interroger, son expérience en télépathie demeurait pour le moins limitée. Dans les jeux vidéo, c'était facile, il suffisait d'appuyer sur une touche, mais, dans la vraie vie, comment faire ? Devait-il « viser » Brazeera ? Penser à elle aussi fort qu'il le pouvait ?

Pas le temps de tergiverser. Un nouveau flot de paroles lui brûla le front. Il s'imprégna de cette chaleur et tenta de la lui renvoyer de toute sa force mentale.

« Brazeera ! Arrête-toi ! », lança-t-il.

Les grondements en provenance de l'enclos s'arrêtèrent une seconde.

Brazeera *Mort*

Je *Suis*

Oméga.

C'était dingue.

Elle lui avait répondu. Il avait réussi à s'adresser à elle.

Mais, pas de temps à perdre, il fallait réagir.

« Non, tu n'es pas Oméga, tu es Brazeera ! Brazeera ! Souviens-toi. Les humains sont là pour te soigner. » Il essayait de convaincre la Volcaon autant que lui-même. Il refusait de voir le plus célèbre dragon du parc se transformer en un monstre incontrôlable.

Il voulait parvenir à la rebrancher comme il l'aurait fait avec une machine souffrant d'un court-circuit. Ou un ordinateur infecté par un virus.

« Brazeera, tu es une Volcaon. Tu es une reine. Tu es une mère. L'un de tes œufs vient d'éclore. Tu dois te battre pour lui. Tu ne dois pas l'abandonner. »

Brazeera s'immobilisa quelques instants, le temps pour Doug et les dracologues d'échapper à son emprise. En un clin d'œil, ils se précipitèrent à l'extérieur. Nino avait réussi. Il avait sauvé le père de son ami. Mais il refusait de lâcher prise.

Il ignorait les appels d'Oscar qui le suppliait de s'en aller. Plongé dans le cerveau de Brazeera, il essayait de ramener son ancienne personnalité à la surface. Il la devinait, enfouie sous une couche de démence. Il ferma les yeux et tenta de l'apaiser en lui adressant une caresse mentale. Il devait l'apprivoiser, la libérer, tel un psychiatre cherchant à faire entendre raison à un dément. Il avait le sentiment que tout son être était projeté à l'intérieur du cerveau de la Volcaon, qui irradiait de chaleur.

Oméga *Je*

Suis.

Elle hésitait.

« Encore un effort, Brazeera. Bas-toi pour ton fils. Pour Flaméon ».

Soudain, alors qu'il était plongé dans le tréfonds de son esprit, Nino entendit une deuxième voix. Un appel surgissant des profondeurs. Qui tentait d'attirer la reine Volcaon à lui.

Oméga Rejoins
La Horde.

L'épaule de Nino le piqua terriblement, comme s'il venait de recevoir une décharge électrique de plusieurs milliers de volts.

Il ne comprenait pas d'où venait cette voix. Mais il était certain qu'il ne s'agissait pas de la Volcaon. Une autre entité communiquait avec eux par la pensée.

Brazeera se redressa et déploya ses ailes immenses. Elle poussa un abominable rugissement, en même temps qu'elle répondit mentalement :

Oui
Alpha.

– Brazeera ! Ignore-le ! cria Nino à voix haute dans un élan désespéré.

Personne ne comprenait rien à ce qu'il racontait. Nino se tenait les yeux écarquillés face à la Volcaon, qui tordit le cou dans sa direction.

« Écoute-moi. Je ne sais pas qui tu es, mais laisse Brazeera tranquille », fit-il à l'attention de l'autre entité.

Une chose à la fois terrifiante et fascinante se produisit alors. Les voix des deux créatures se superposèrent et lui répondirent en chœur. Elles ne faisaient plus qu'une seule et même personne.

Oméga *Obéir*

À *Alpha*

Oméga

Servir *Drak…*

Soudain, un choc d'une violence inouïe frappa Nino. Il sentit un abysse s'ouvrir dans l'esprit de la reine Volcaon. Une déchirure mentale.

Une équipe de sécurité venait de faire son entrée, et, armés de fusils paralysants à canon court, ils tiraient sur Brazeera. Nino ressentit sa douleur, comme si les balles lui étaient destinées. Un flot d'images appartenant à la reine Volcaon l'inonda soudain, pareil à des souvenirs remontant à la surface. La vie de Brazeera était-elle en train de défiler devant ses yeux ?

Il sentit la lave, la chaleur. Le feu lui consumait le cerveau. Autour de lui, le laboratoire disparut, pour laisser place à une vision d'apocalypse. Des dizaines de Nemrogs l'entouraient, plongés dans les flammes de l'enfer. Autour d'eux tournoyaient d'énormes silhouettes ailées. Imposantes. Surpuissantes. Aux écailles rougissantes. D'immenses Volcaons.

Il perdit connaissance, alors que dans son esprit résonna une dernière fois la voix :

Oméga Bientôt
Rejoindra
La Horde.

CHAPITRE 11

Le ciel de Dragon Park était d'un bleu parfait. Pour la première fois depuis les évènements, Louison venait de retrouver le sourire. Un sourire charmant qui creusait sa fossette.

– Nephryte, murmura-t-elle. Je suis tellement heureuse que tu sois guéri.

Elle sentit le frétillement de joie qui parcourait son dragon. Toujours convalescent, le Sylvérite venait d'être autorisé à voler de nouveau avec sa dragonnaute. Jamais ils n'avaient été séparés si longtemps.

– Ménage-le quand même, lui rappela Felix dans son oreillette. Il n'est pas totalement remis. Comme toi, d'ailleurs.

– Ne t'inquiète pas. Je ne lui ferai plus courir le moindre risque.

Au-dessous d'elle, les wagons de l'Ouroboros sillonnaient le parc, effectuant des allers-retours entre les différentes stations et la matrice centrale. Louison passa assez bas pour apercevoir les visages des visiteurs à travers l'habitacle transparent. Et la dragonnaute se rappela alors pourquoi elle aimait ce lieu : pour les sourires émerveillés des enfants.

– En tout cas, merci d'avoir veillé sur lui.

– Y a pas de quoi. Je suis son dracologue. Et puis tu lui manquais tellement. Je pense qu'il se faisait du souci pour toi. Moi aussi, d'ailleurs... Tu sais, s'il t'était arrivé quelque chose de grave, je crois que...

Louison sentit son rythme cardiaque s'accélérer. Et cela n'avait aucun lien avec les capteurs de sa combinaison. Qu'était en train de lui avouer Felix ? Qu'il l'aimait ? Non, elle devait se raconter des histoires.

– Tout va bien ?

Elle réalisa que plusieurs secondes s'étaient écoulées sans qu'elle dise un mot. Quelle idiote ! Qu'allait-il penser d'elle ?

– Euh... Oui, oui. J'arrive au-dessus d'Omnipolis.

– OK. Tu comptes faire quoi exactement ?

– Chercher des indices sur le passé de mon père.

Avant de partir s'installer à l'académie Saint-Hydre, avec tous les dragonnautes, Louison avait grandi parmi ces maisons en forme de bulbe et ces bâtiments végétaux. Elle fila avec son dragon le long des rues colorées, jusqu'à identifier une maison arrondie au toit vert, avec un jardin japonais en demi-cercle. 88, allée des Cendres.

– *Nephryte. Bromva Kil.*

Sa monture se posa près d'un cerisier. La balançoire de son enfance pendouillait à une branche. Louison se laissa glisser aux pieds de Nephryte et atterrit sur le gravier blanc. Une statue de Bouddha en tailleur attendait au bout de l'allée. Depuis qu'elle était petite, elle avait toujours vu sa mère pratiquer la méditation tibétaine. Anna croyait en la réincarnation et en l'éveil de l'âme. En l'harmonie spirituelle. Et elle prétendait que les Tibétains avaient été les premiers à considérer les dragons comme des animaux bien réels. Un idéal de force et de créativité. Louison se demanda si ses convictions avaient été ébranlées le jour où Lucas s'était enfui avec Draklhord.

– Alors, ça roule ? Comment va Nephryte ?

Nino l'attendait sur le pas de la porte.

– De mieux en mieux, et toi ?

– Pareil.

– Tu n'as plus de maux de tête ?

– Non. Tout va nickel, t'inquiète.

Il paraissait en forme. Pourtant Louison perçut quelque chose de différent dans son regard. Une sorte de voile sombre. Elle avait entendu parler de l'incident avec Brazeera dans le laboratoire. Mais elle décida de ne pas l'interroger tout de suite.

Elle sortit une clé de sa poche et entra. Elle marcha sur le courrier entassé derrière la porte. Les affaires de sa mère jonchaient le sol, les tables, les canapés, comme si une tempête avait sévi dans ses placards et avait déposé leurs contenus au hasard. Une dizaine de magazines étaient empilés sur le sol. *World of Wonders*. Sa mère s'était abonnée à des magazines paranormaux. À se demander si elle n'avait pas perdu la raison.

– Quel bazar ! On ne s'en rendrait même pas compte si la maison était cambriolée.

Après la mort de son père, Louison s'était détachée petit à petit de cet endroit. Dorénavant, elle avait davantage l'impression de pénétrer dans une carte postale d'un temps révolu que dans son foyer. Ce sentiment s'était encore accentué depuis qu'elle avait emménagé dans sa chambre de l'académie Saint-Hydre et que Nino était parti vivre chez les Peticare, les parents de son meilleur ami. Nino et elle ne revenaient ici que lorsque leur mère s'y trouvait. C'est-à-dire très rarement. Et il y avait bien longtemps que celle-ci n'y dormait plus.

Plus d'un mois s'était écoulé depuis que les enfants Belrêve avaient reçu de ses nouvelles.

Par réflexe, ils empruntèrent directement le petit escalier en colimaçon menant à leur chambre. Sur la porte étaient encore accrochés les dessins de son frère. L'un d'eux représentait une caverne creusée dans le centre de la terre.

– Headenval, annonça Nino. Bienvenue dans le royaume secret des dragons. Tu te souviens de cette histoire que nous racontait papa ?

– Comment pourrais-je l'oublier ? demanda Louison en lui montrant son collier. « Alors Dovakhin monta sur le dragon...

– ... qui le conduisit à Headenval, le royaume secret des dragons », compléta Nino. J'adorais cette histoire. Il nous la racontait presque tous les soirs.

Un frisson courut dans le cou de Louison. Comme un rappel glaçant de la trahison de son père.

Elle entra dans la petite chambre qui avait hébergé tant de disputes.

Rien n'avait bougé. Les squelettes de dinosaures en bois emplissaient les étagères en compagnie de ses livres d'aventures. Les posters de superhéros jaunis que collectionnait son frère empiétaient sur son morceau de mur. Leurs lits d'enfants étaient intacts.

– Tu te souviens ? demanda Louison. Nous étions en train de dormir quand maman et Hercule nous ont réveillés pour nous annoncer la mort de papa.

– Pas très bien. Je me souviens juste que maman n'arrêtait pas de pleurer.

– C'est dingue, cette histoire. Il y a des choses qui m'échappent. Je suis peut-être naïve, mais je n'arrive pas à concevoir que papa nous ait abandonnés.

– Tu as lu sa lettre, pourtant.

– Oui, tu as raison. Enfin, si on est là, c'est justement pour essayer de comprendre.

Ils descendirent dans le cabinet de travail de leurs parents, installé au sous-sol.

– Tu sais que maman te tuerait si elle découvrait qu'on est entrés ici ? Moi, je m'en fiche. Je dirai que tu m'as forcé, lança Nino.

De toute leur vie, jamais les enfants Belrêve n'avaient été autorisés à profaner ce sanctuaire. Quand elle poussa la porte en chêne, Louison réalisa qu'il n'y avait, hélas, plus grand monde pour le leur interdire. Leur père avait disparu. Et leur mère était aux abonnés absents depuis presque deux mois.

– On cherche quoi exactement ?

– Tout. Des indices sur la création de Draklhord. Sur papa. N'importe quoi qui nous aide à comprendre ce qui s'est passé.

Ils passèrent plusieurs heures à parcourir les dossiers de leurs parents. Ils épluchèrent des tonnes de documents (allant des premiers travaux sur un prototype de Varancéros à la création des Noctris) auxquels ils ne comprenaient rien pour la plupart.

Les photos des hybrides se succédaient. Louison avait l'impression de parcourir une chaîne de l'évolution monstrueuse dont l'aboutissement était Draklhord. Au fil de sa lecture, les textes sur les cybrides lui apparaissaient plus dérangeants les uns que les autres. Ces dragons, ces manipulations sur le vivant… Ses parents avaient-ils vraiment réfléchi à ce qu'ils accomplissaient ? À ce que risquait d'endurer le monde à cause d'eux ? Et si cette île, qu'elle avait toujours considérée comme un lieu magique, n'était en réalité qu'un royaume malsain ? Une prison pour monstruosités nées d'un esprit dément et torturé ? Une abomination vouée à être détruite, comme risquait bien de le faire un jour Draklhord…

– Louison, viens voir ça.

Au fond de la pièce, Nino se tenait devant une large tenture à l'effigie d'un dragon à plumes colorées.

– C'est Quetzalcoatl. Un dragon inca surnommé « le serpent à plumes ». Papa et maman l'ont ramené d'un de leurs voyages.

– Non, je parle de ça.

Il tira alors sur la tapisserie imprimée pour dévoiler une carte du monde. Elle était parsemée de dizaines d'épingles à tête ronde. Louison s'approcha et lut les noms des villes pointées par les petits ronds de couleur. Nagano au Japon, Catane en Sicile, Mexico, Goma à la frontière du Rwanda et du Congo… Une trentaine d'emplacements dont la plupart étaient rayés d'une croix faite au marqueur rouge.

Louison comprit qu'il s'agissait des endroits où Anna s'était rendue pour ses recherches. Chaque épingle était reliée par un fil de couleur à une photo ou à un article de presse. Des articles mentionnant l'apparition de diables ou de créatures extraterrestres. Louison sortit son smartphone de sa poche et parcourut sa boîte mail. Elle afficha le dernier message de sa mère. Reçu le matin de l'attaque.

À : louisonbelrv@dpmail.com ; ninobelreve@dpmail.com
De : annabelreve@dpmail.com
Sujet : News from maman

Mes petits dragounnets,
Quelle mère affreuse je fais !
Une fois de plus, sachez que je m'en veux terriblement de vous avoir laissés, mais je n'ai hélas pas le choix.
Vous devez vous dire que je vous répète constamment les mêmes choses . Mais vous ne pouvez pas imaginer à quel point mes voyages et mes recherches sont cruciaux.
Je vous adresse ce dernier mail avant de partir au coeur du Vatnajökull, un glacier situé au sud-est de l'Islande, à côté de Vik. Amusant comme nom. Il paraît qu'on y trouve de merveilleux poissons des glaces.
«Les voyages sont un retour vers l'essentiel», disent les moines tibétains. Ils ont bien raison. Ici, je réalise que vous

êtes la chose la plus importante à mes yeux, même si je ne vous le montre pas toujours.
Je fais confiance à Doug et Martha pour s'occuper de vous deux. Et je compte sur Adjaf pour vous surveiller. Embrassez-les tous de ma part.
Je sais que la grande fête du parc est prévue aujourd'hui et j'aurais tellement aimé être là. Je penserai bien fort à vous.
Profitez bien de vos vacances.

Mille bisous de feu, mes dragounnets,
Maman

– Qu'est-ce qu'il y a ?

– Regarde son dernier message. Elle est partie pour le Vatnajökull, en Islande.

Nino examina la mappemonde. Juste au-dessus de lui, tout en haut de l'hémisphère Nord, une épingle était plantée sur l'Islande. À côté de la ville de Vik. Elle était reliée à un fil au bout duquel se trouvait un article punaisé au mur. Il était tiré de *World of Wonders*. On y parlait d'un monstre ailé aperçu au large des côtes. Quant à la photo de mauvaise qualité qui l'accompagnait, il s'agissait probablement d'un photomontage.

Ou alors de Draklhord.

Les deux enfants se regardèrent en silence.

Qu'était partie faire leur mère ?

CHAPITRE 12

L'air était glacial.

Anna Belrêve rabattit sa large capuche bordée de fourrure sur ses cheveux courts. Elle fixait par la fenêtre de la Jeep le paysage post-apocalyptique qui se déployait devant elle. Une terre nue et calcinée que des langues de glace venaient mordre tels les tentacules d'une pieuvre givrée. À l'horizon, la masse sombre du volcan commençait à se dessiner, cachée derrière un épais rideau brumeux.

– C'est l'Orfajokull qu'on aperçoit ? demanda-t-elle.

– Öræfajökull, répondit Jön, son guide, en corrigeant sa prononciation. Glacier du désert.

– Le glacier du désert ? Ça fait froid dans le dos... si je puis dire.

– Nous arriverons dans une heure, fit l'homme sans relever son trait d'humour. Ensuite nous installerons le campement. Ascension demain matin à la première heure.

– Parfait, répondit Anna Belrêve. Parfait.

L'homme à la barbe drue mais clairsemée, vêtu d'un treillis militaire, n'était pas un compagnon de route très jovial. Mais c'était la seule personne à avoir accepté de conduire une étrangère, seule, tout au sommet du volcan. Il ne lui avait rien demandé, ni qui elle était, ni ce qu'elle fabriquait là. Et elle lui en était reconnaissante. Cela lui avait évité de mentir.

Il s'était contenté d'empocher la liasse de billets qu'elle lui avait tendue. De quoi vivre confortablement pendant un mois. C'était beaucoup d'argent, certes, mais ce qu'elle lui demandait de faire allait bien au-delà des excursions habituelles que proposaient les guides de la région. Ce qui l'intéressait, c'était le cœur du volcan. Elle voulait plonger dans les entrailles de l'Öræfajökull, où seuls quelques volcanologues avaient osé s'aventurer.

Si elle était là, c'était justement à cause d'un article que l'un d'entre eux avait publié dans *World of Wonders*. Ce magazine, spécialisé dans les phénomènes paranormaux et extraterrestres, faisait régulièrement sa une sur des sujets aussi improbables que l'*alien* de Roswell ou les fantômes hantant d'anciens cimetières indiens.

Le genre de journal qu'elle considérait autrefois avec le plus grand mépris. Mais qu'elle s'était mise à lire méthodiquement depuis que son mari avait disparu aux côtés de Draklhord. Pour elle, il n'y avait aucun doute. Ils étaient forcément vivants. Et quelqu'un finirait par les apercevoir.

Guettant la moindre bribe d'information, la moindre mention d'un homme-dragon aux écailles noires comme la nuit, elle avait écumé tous les sites internet, des plus populaires aux plus obscurs. Lu toute la presse, des magazines scientifiques aux journaux à sensation... Et ce qui devait arriver était arrivé. Plus d'une fois d'ailleurs. À plusieurs reprises, elle avait cru retrouver la trace de ce monstre qui lui avait volé son mari. Et elle s'était rendue en Italie, au Congo, au Mexique, au Japon et jusqu'au Népal. En vain. Jusqu'à présent, ces pistes ne l'avaient menée nulle part.

Afin de ne pas éveiller les soupçons, elle prétextait des recherches dans le monde entier ayant pour but de mettre au point de nouveaux spécimens de dragons. D'ailleurs, à l'exception d'Hercule, personne ne connaissait la vraie raison de ses déplacements. Si ses amis avaient su qu'elle espérait traquer seule Draklhord, ils l'auraient probablement fait interner. Parfois, elle se demandait s'ils n'auraient pas eu raison. N'était-elle pas folle de s'imaginer que Draklhord était toujours en vie ? Et qu'il était avec son mari ?

Elle sortit de la poche de sa parka l'exemplaire froissé du numéro 133 de *World of Wonders* et l'ouvrit à l'article intitulé « Le monstre de l'Öræfajökull ». Les feuilles tremblaient dans le vent, mais cela ne l'empêchait pas de distinguer la photo floue et le dessin l'accompagnant. Ils présentaient en détail une étrange et monstrueuse forme ailée, ressemblant en tous points à Draklhord.

Elle soupira en pensant à ses enfants. Les pauvres… N'aurait-elle pas mieux fait de rester auprès d'eux ? À leurs âges, ils avaient besoin d'une mère. Comment pouvait-elle les laisser seuls à Dragon Park pour courir après des chimères ? Elle sourit en pensant à son mari. Lucas détestait quand on appelait ses créatures des chimères. Les chimères étaient des êtres mythologiques, alors que ses dragons, eux, étaient bien réels.

Quant à Draklhord, elle savait qu'elle ne retrouverait pas sa sérénité tant qu'elle n'aurait pas vu son cadavre. Même si Hercule ne cessait de lui répéter qu'il devait probablement reposer au fond de l'océan, dévoré par les poissons. Elle n'en croyait rien.

L'Islande hébergerait-elle un monstre ailé ? C'est ce que pense le volcanologue Marc Amis après s'être rendu sur le glacier du Vatnajökull le 8 mars dernier.

Alors qu'il effectuait des prélèvements géologiques sur l'Öræfajökull, le plus haut volcan d'Islande, pour étudier l'activité sismique du lieu, Marc Amis, 48 ans, a cru remarquer une forme singulière tournoyer au-dessus du cratère. Pensant d'abord qu'il s'agissait d'une espèce rare d'oiseau, il s'est approché afin de prendre quelques clichés (photo ci-contre). Malheureusement, la brume environnante liée à la chaleur naturelle du sol a empêché toute identification claire de la créature capturée par son objectif, qui, selon ses propos, aurait « plongé au cœur du volcan ».

Néanmoins, une étude approfondie par notre équipe de journalistes a permis de détailler une silhouette étonnante, humanoïde et vraisemblablement couverte d'écailles (cf. schéma ci-contre).

Aussi surprenant que cela puisse paraître, ce monstre serait un homme volant, probablement héritier d'une longue chaîne évolutive liée aux conditions extrêmes régnant sur ce bloc de pierre perdu au milieu de l'océan.

Après avoir publié cette photo sur son blog, le volcanologue a finalement retiré son article relatant sa découverte et, malgré nos sollicitations, n'a jamais donné suite à nos appels.

Que cache ce mystère ? Que signifie cette apparition dans le ciel ?

Comptez sur nos équipes pour vous tenir informés dans notre prochain numéro de World of Wonders.

Et si cette fois était la bonne ? Si après toutes ces années d'errance elle finissait par retrouver la trace de l'horrible Nemrog… Que ferait-elle ? Allait-elle le défier dans l'espoir stupide qu'il lui rende Lucas ? Car elle était convaincue que son mari ne l'avait pas trahie. Que Draklhord l'avait contraint de l'aider. Dans ce cas, qu'est-ce qui lui disait qu'elle ne signerait pas également son arrêt de mort ?

Ne te préoccupe pas du passé, ne vis pas dans le futur. Concentre-toi sur le moment présent.

Les enseignements tibétains l'avaient toujours accompagnée. Elle s'en servait autant que possible dans son quotidien. Ils l'aidaient à maintenir un semblant d'équilibre dans son univers. Même si ses enfants la regardaient parfois d'un air inquiet, et la prenaient pour une illuminée.

Généticienne, illuminée et absente. Elle faisait une bien drôle de mère. Elle n'avait pas hésité une seconde à faire ses bagages pour partir à la recherche de Marc Amis, le volcanologue. Bien sûr, dans un monde idéal, elle serait restée aux côtés de ses enfants. Mais c'était plus fort qu'elle. Elle refusait de se laisser abattre. Elle avait soif de réponses. Et pour les trouver il lui fallait d'abord rencontrer la rédaction de *World of Wonders* à Londres afin de s'assurer de l'authenticité de la photo.

Là-bas, les journalistes, tous plus étranges les uns que les autres, lui avaient assuré que les photos étaient authentiques. Elle avait donc décidé de partir en Écosse à la recherche de l'homme qui avait réalisé ces clichés. Il lui avait fallu près d'une semaine pour y parvenir. Le scientifique vivait seul dans un endroit reculé, sur les côtes, en bordure d'un petit village de pêche nommé Gardenstown. Une maison isolée en bois blanc, face à la mer. Quand elle était parvenue sur le perron, quelque chose avait immédiatement attiré son attention. L'un des volets de l'étage pendouillait mollement, arraché à ses gonds, et la fenêtre qu'il protégeait était brisée. Anna avait frappé en vain à la porte. Et, après avoir fait plusieurs fois le tour de la bâtisse, elle s'était décidée à escalader le mur pour entrer par la fenêtre. Pendant sa jeunesse, elle avait pratiqué assidûment l'escalade, et grimper quelques mètres ne lui faisait pas peur. Une fois à l'intérieur, elle avait avancé avec précaution dans la maison, qui avait manifestement été fouillée. Les meubles avaient été renversés, les rares bibelots, brisés, mais le plus inquiétant restait les grandes traces de lacération sur les murs. Comme des coups de couteaux, ou de griffes… Et nulle trace de Marc Amis. Le volcanologue s'était volatilisé.

Les premiers voisins habitaient à deux cents mètres et n'avaient bien sûr rien vu ni entendu. Personne dans l'entourage du scientifique n'avait eu de ses nouvelles depuis plusieurs semaines. Et tous l'imaginaient encore en expédition.

Pour Anna, tout cela confirmait ses craintes. La présence de Draklhord se profilait de plus en plus à l'horizon. Elle avait donc décidé de se rendre sur place pour enquêter. Aux abords de l'Öræfajökull. Il suffisait d'une seule preuve à montrer à Hercule pour qu'on la prenne au sérieux. Et, le jour où Draklhord serait enfin détruit, alors elle redeviendrait... elle-même. Et se consacrerait à ses enfants.

En observant le paysage semblable à un désert gelé, elle réfléchissait. Pourquoi Lucas avait-il détruit ses recherches scientifiques sur Draklhord ? Elle aurait pu en apprendre plus sur ce monstre. Connaître son potentiel, son espérance de vie. Découvrir comment le vaincre. Mais non. Lucas avait tout fait disparaître.

Quand la couche de glace devint trop haute et accidentée pour que la Jeep puisse continuer à avancer, Jön se gara. Anna empoigna son sac militaire. Il contenait une toile de tente roulée dans un petit sac, des rations pour quinze jours, et un fusil de chasse doté d'une lunette de visée nocturne. Un Idrington 500.

Ce qui se faisait de mieux en matière de puissance et de précision, lui avait dit le vendeur, pensant qu'elle partait chasser l'élan.

Elle ne l'avait pas contredit. Pas la peine de crier sur les toits qu'elle comptait chasser un homme-dragon.

Devant eux, les 2 100 mètres de l'Öræfajökull les écrasaient de leur puissance. Perdue au milieu de l'immensité glaciaire, Anna sentit l'angoisse monter en elle. Elle consulta son téléphone portable. Le symbole du réseau téléphonique était barré. Aucune communication ne pouvait plus passer. Et s'il lui arrivait un accident pendant l'ascension ? Le mail envoyé deux jours plus tôt à ses enfants serait alors le dernier. Après tout, elle n'avait encore jamais fait ce genre de chose. Allait-elle mourir au milieu de toute cette glace, partie traquer un homme-dragon qui n'existait probablement plus ?

Quelle absurdité !

Ils marchèrent pendant deux heures, le long de failles gelées et de débris fluvio-glaciaires. Ils serpentèrent dans les labyrinthes de glace, esquivant les crevasses mortelles. Finalement, ils installèrent leur campement aux abords d'une grotte naturelle enfouie au pied du volcan.

– Faim ? demanda Jön en sortant un petit réchaud à gaz de son sac.

Anna hocha la tête. Elle sortit du sien un appareil photo avec un objectif 200 millimètres. Elle vérifia si la batterie était chargée et la carte mémoire en place, et rejoignit son guide pour manger.

Ce soir-là, elle resta quelques minutes, les yeux fixés sur l'horizon, à contempler le soleil de minuit, s'émerveillant de cette terre qui refusait de plonger dans l'obscurité.

Elle était prête à se lancer dans l'ascension du volcan.

CHAPITRE 13

Le lendemain matin, une étrange odeur de soufre flottait dans l'air.

– Solfatare, fit Jön, sans plus d'explication.

Anna ne chercha pas à en savoir plus. Le soufre était généralement associé au diable, et elle s'efforça de ne pas y voir un mauvais présage alors qu'elle partait débusquer Draklhord.

Au bout de six heures d'ascension, Anna commença à regretter de s'être lancée dans cette aventure. La glace était de plus en plus épaisse, et son avant-bras était contracté à force d'être crispé sur son piolet. Elle sentait à ses pieds un étrange mélange de chaleur et de glace remonter à la surface. L'absurdité de sa situation lui sauta aux yeux.

Et si l'histoire du volcanologue n'était qu'un tissu de mensonges inventés par le journal ? Et si la photo du prétendu homme-dragon ne représentait en réalité qu'un goéland un peu plus gros que la moyenne ? Après tout, ça ne serait pas la première fois que ce genre de mésaventure lui arriverait. La dernière fois, elle s'était rendue au Chili pour découvrir qu'un prétendu homme-dragon n'était en fait qu'un gigantesque condor des Andes légèrement difforme. Au Tibet, elle s'était enfoncée dans des vallées reculées à plusieurs centaines de mètres d'altitude à la rencontre d'un cinglé drapé d'une cape noire déchirée et vivant dans une grotte.

Pourtant cette fois elle espérait bien que ce serait différent. Devant elle, Jön avançait en silence. Il lui ouvrait le passage, lui indiquait où planter son piolet et où prendre appui. À l'exception d'une fois où son pied ripa sur la glace, il ne lui arriva rien. Son sac pesait lourd dans son dos. Il lui sciait les épaules, mais elle tint bon.

Leur ascension fut rythmée par les grondements récurrents qui s'échappaient du volcan. Et elle comprit pourquoi, dans la mythologie nordique, l'Öræfajökull était le point d'accès aux forges des enfers.

Parvenue au sommet, Anna regarda l'étendue de glace qui se déployait à près de deux mille mètres en contrebas. Le glacier avait la taille d'une île, et sans son guide elle aurait été incapable de retrouver le chemin de la Jeep.

– Et maintenant ? demanda Jön.

– Maintenant, on va voir à l'intérieur.

Il sortit de son sac deux combinaisons brillantes et lui en tendit une. Ainsi vêtus, ils se fondaient presque complètement dans ce paysage de glace. Pourtant Anna ne pouvait s'empêcher de se recroqueviller. Comme si elle souhaitait se cacher. Si jamais Draklhord se trouvait à l'intérieur, autant éviter de se faire voir. Elle laissa Jön passer devant elle, et s'en voulut de penser que, si le Nemrog les repérait, son guide se ferait probablement attaquer en premier, ce qui lui laisserait le temps de s'enfuir.

À l'aide de son marteau, il enfonça une cheville autoforeuse dans la roche pour y attacher une épaisse corde. Tournant le dos au vide, il semblait posé sur une bouche de géant prête à l'engloutir.

Anna en profita pour sortir son appareil photo et immortaliser ce moment. Puis elle se mit à scruter le fond du cratère. À travers l'épaisse fumée, elle finit par distinguer, sous la couche de glace, une sorte de rayonnement rougeâtre, comme si un lac de lave s'y déployait, large comme un terrain de football. Visiblement, l'Öræfajökull était toujours en activité, même si aucune éruption n'avait eu lieu depuis plus de deux cents ans.

– OK. On y va ? fit Jön.

Tout à coup, alors qu'elle empoignait la deuxième corde qui lui servirait à descendre dans le vide, le sol trembla et un grondement puissant remonta du centre du volcan. Quelques morceaux de glace se décrochèrent et furent happés par les profondeurs. Anna, les jambes en appui sur le rebord du volcan, s'efforça de ne pas perdre l'équilibre, cramponnée à la corde. À côté d'elle, Jön lui fit signe de remonter.

– Vite. Trop dangereux.

– Quoi ? Non, une seconde. Nous n'avons pas fait tout cela pour rien. Je jette un coup d'œil.

La fumée montant dans leur dos était de plus en plus épaisse, et un deuxième craquement leur signifia que la calotte glaciaire au fond du volcan venait de céder.

Ce n'était pas possible. La dernière éruption datait de 1793. L'Öræfajökull n'avait tout de même pas attendu sa venue sur l'île pour se réveiller.

– Non, répliqua Jön fermement. Il faut partir maintenant.

Paniquée, elle regarda en contrebas, et il lui sembla discerner quelque chose à travers la fumée au centre du lac de lave. Une forme sombre. Massive. Gigantesque. Colossale. Un aileron de feu glissa à la surface avant de replonger aussitôt vers les profondeurs dans un fracas emplissant le cratère.

– Vous avez vu ?

– Vu quoi ? Vite ! Il faut partir d'ici, répliqua son guide, en l'aidant à se hisser.

Jön n'avait peut-être rien remarqué, mais elle savait qu'elle n'avait pas rêvé. Une créature dotée d'un aileron haut de plusieurs mètres et aussi large qu'une aile d'avion vivait au fond de ce volcan.

En remontant, Anna ne prêta pas attention à l'éruption en cours et à la panique de son guide. Elle oublia même Draklhord et la raison de sa venue ici. Seul ce qu'elle venait d'observer lui accaparait l'esprit. N'avait-elle pas rêvé ? Venait-elle d'assister à un simple phénomène naturel transformant la lave en une gigantesque vague de feu ? Ou à l'apparition d'un monstre des profondeurs capable de vivre dans de la lave ? Quelle que soit la réponse, elle n'avait jamais rien vu d'aussi gros, et regretta de ne pas avoir eu le réflexe de le prendre en photo.

Un nouveau tremblement la ramena à la réalité, et elle sauta à temps hors du cratère, glissant sur la couche de glace bordant le volcan. C'est ainsi que, couchée sur le sol, sa corde et son piolet encore à la main, elle leva les yeux sur le ciel nuageux gorgé de pluie et vit apparaître une nuée de monstres noirs et ailés. Comme jaillis du volcan.

– Et merde, laissa-t-elle échapper.

Qui sait si c'est demain ou ta prochaine vie qui viendra en premier.

Si les maximes bouddhistes avaient cette particularité de s'adapter aux pires situations, ce n'était pas ce qui allait lui sauver la vie.

Anna sentit une angoisse terrible surgir en elle. Elle s'était préparée à affronter un homme-dragon. Pas une armée. Et le fusil, toujours rangé dans son sac, lui parut tout à coup bien superflu. Elle ne ferait pas disparaître Draklhord aujourd'hui. Rester en vie serait déjà un exploit.

Elle se laissa glisser dans une crevasse et, malgré sa terreur, empoigna son appareil photo pour enchaîner frénétiquement les clichés. Elle zooma autant qu'elle le pouvait sur les créatures, qui ne paraissaient pas les avoir remarqués. Si Hercule voulait des preuves, il allait être servi. Draklhord était bien là. Vivant et accompagné de dizaines de semblables. Car, malgré la distance et la fumée qui s'échappait du volcan et brouillait son champ de vision, elle n'avait aucun doute. Il s'agissait bien de Nemrogs.

Le claquement de leurs mandibules résonnant dans les airs lui évoqua un nuage de sauterelles. Ils rappelèrent à Anna sa première rencontre avec Draklhord.

À l'époque, il n'était qu'un petit être légèrement difforme, presque attendrissant. Un enfant-insecte encore incapable de s'exprimer, incapable de comprendre ce qu'il fabriquait là, dans ce sous-sol de laboratoire. Incapable de comprendre qui il était.

Apparemment il n'était plus le seul de son espèce. Mais comment avait-il pu se reproduire ainsi ? Comment pouvait-il y en avoir autant ? Est-ce que Lucas l'avait aidé ?

– Qu'est-ce que vous faites ? demanda Jön. Il faut partir. Vite ! C'est trop dangereux.

Apparemment, la peur lui avait délié la langue.

– Une seconde. Juste une seconde. Une dernière photo et nous...

Elle s'immobilisa net.

Non...

À travers son objectif, elle vit qu'une de ces créatures était en train de la regarder. Au même moment, elle sentit les bras musclés de son guide l'empoigner par les épaules et la hisser hors du trou.

– On part ! Tout de suite.

Elle ne discuta pas. Derrière eux, la silhouette sinistre du Nemrog échappé de la meute se précipitait dans leur direction, hors du nuage de fumée, volant en rase-mottes au bord du cratère. Ils n'avaient pas d'autre choix que de déguerpir.

Ils s'élancèrent en chœur sur les pentes glissantes du volcan. Les crampons d'Anna s'enfonçaient dans la neige, son souffle gelé manquait de lui déchirer les poumons, et son sac ne cessait de la tirer en arrière, risquant de la déséquilibrer. Pourtant, elle courut aussi vite que possible le long des anciennes coulées de lave à présent couvertes de glace, sans oser se retourner.

Dans son dos, le battement des ailes du monstre se rapprochait. S'agissait-il de Draklhord lui-même ? Ou de l'un de ses semblables ? La reconnaîtrait-il ? L'épargnerait-il ?

Ne pense à rien, Anna. Cours. Cours.

C'était peine perdue. Devant eux, la pente était trop abrupte, et Jön s'était immobilisé, tentant d'enrouler une de ses cordes à un bloc de pierre givré. Ils n'auraient jamais le temps de redescendre. Et, à moins de se rompre le cou, ils n'avaient aucune chance d'échapper au Nemrog.

Tout en courant, Anna tenta de défaire la sangle de son sac et d'empoigner le fusil de chasse. Le monstre était si près d'elle qu'elle n'aurait même pas besoin de viser. Manquant de se tordre le bras, elle parvint à agripper la crosse, et tout en se retournant en un élan désespéré, elle pressa la détente de ses doigts crispés. Elle n'avait droit qu'à une seule chance. Malgré les grondements du volcan, elle savait que la détonation attirerait tous les autres monstres.

Blam.

Le Nemrog fut stoppé en plein vol. Anna ne perdit pas une seconde et reprit sa course sur les langues de glace.

Elle passa devant Jön, qui semblait tétanisé. Son visage horrifié regardait fixement le cratère du volcan d'où venait de s'envoler la horde d'hommes-dragons.

Cet ouvrage a été mis en pages
par DV Arts Graphiques à La Rochelle

Impression réalisée par Novoprint
en février 2022
pour le compte des Éditions Bayard

PEFC PEFC/14-38-00277

Imprimé en Espagne